象棋实战训练丛书

象棋杀法
500题

题

（3～4步杀）

周晓朴 刘锦祺 编著

U0314363

化学工业出版社

·北京·

图书在版编目（CIP）数据

象棋杀法500题. 3～4步杀 / 周晓朴，刘锦祺编著
. —北京：化学工业出版社，2024.2
（象棋实战训练丛书）
ISBN 978-7-122-45078-4

Ⅰ.①象… Ⅱ.①周… ②刘… Ⅲ.①中国象棋－棋
谱 Ⅳ.①G891.2

中国国家版本馆CIP数据核字（2024）第033455号

责任编辑：杨松淼　　　　　　　　　　装帧设计：刘丽华
责任校对：宋　夏

出版发行：化学工业出版社（北京市东城区青年湖南街13号　邮政编码100011）
印　　装：大厂聚鑫印刷有限责任公司
880mm×1230mm　1/32　印张5½　字数200千字　2024年3月北京第1版第1次印刷

购书咨询：010-64518888　　　　　　售后服务：010-64518899
网　　址：http：//www.cip.com.cn
凡购买本书，如有缺损质量问题，本社销售中心负责调换。

定　　价：39.80元

前　言

象棋杀法是象棋艺术中最精彩、也最具欣赏价值的部分，它如同足球比赛中的临门一脚，又好像电影中扣人心弦的情节高潮，更似一首乐曲中最动人的旋律篇章。一个个精妙绝伦的杀法，令观棋者赏心悦目，拍案叫绝。

早些年笔者曾出版过一套《象棋杀法4000题》，市场反响尚可，但也曾收到教学机构的教练以及读者指出的书中存在的不足之处。大家的意见普遍集中于以下两点：一是题的难度有些大，初学者不太适应，用作教学的辅助资料时，也容易造成一些不必要的"麻烦"；二是基础题量偏小，特别一步杀和两步杀的题量略显不足，初学者尚未找到杀棋的感觉，就要被迫应对回合数更高、难度更大的习题了。因此，笔者经过精心筛选和编排，编写了这套"象棋实战训练丛书"。其中第1册《象棋杀法600题》，题型均为1～2步杀；第2册《象棋杀法500题》，题型均为3～4步杀；第3册《象棋杀法400题》，题型均为5～6步杀。

本书是第二册，面向的群体主要是有一定的象棋基础，但计算力尚且需要锻炼和提升的普通象棋爱好者。

全书的内容分为两章，第一章有300道题，为3步杀练习；第二章有200道题，为4步杀练习。全部500道题的参考答案统一放在习题的后边。这里需要特别说明的是，参考答案给出的着法一定是最优解之一，但不见得是回合数要求范围内唯一的解法。欢迎读者朋友们举一反三，思考是否存在多种同等高效的杀法选择。但一定要注意，如没能在规定的回合内完成杀棋，即便同样可成杀，在本书中也视为解法不正确。

由于习题及着法数量较多，且成书较为匆忙，加之笔者水平有限，书中若有纰漏之处，欢迎广大读者批评指正，先致谢意。

编著者

2024 年 1 月

目 录

第一章 3步杀

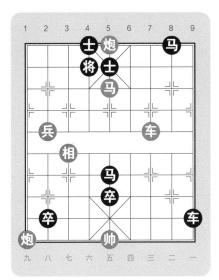

第1题

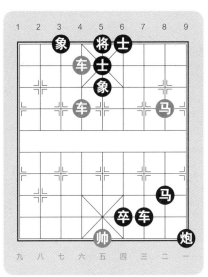

第2题

第3题

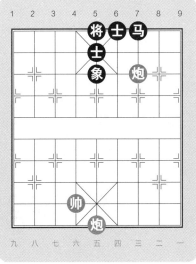

第4题

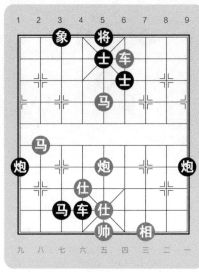

第5题

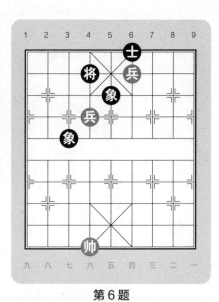

第6题

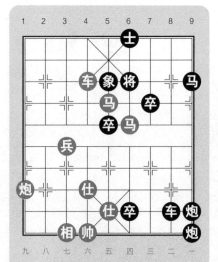

第7题

第8题

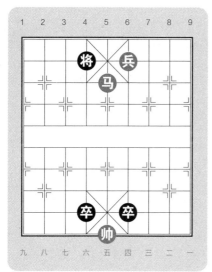

第 9 题

第 10 题

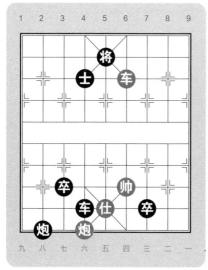

第 11 题

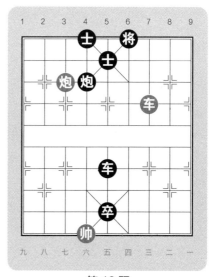

第 12 题

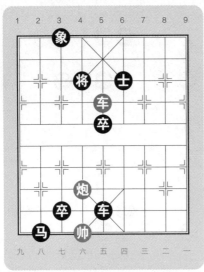

第 13 题

第 14 题

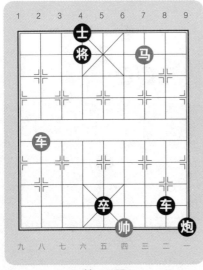

第 15 题

第 16 题

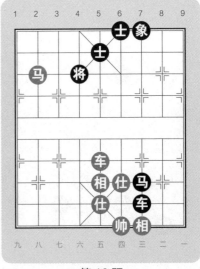

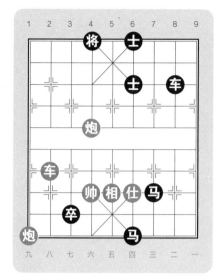

第 17 题

第 18 题

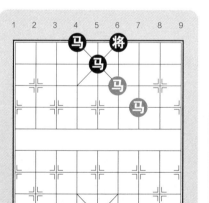

第 19 题

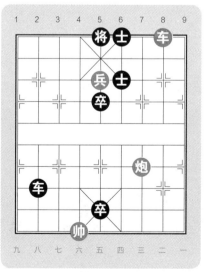

第 20 题

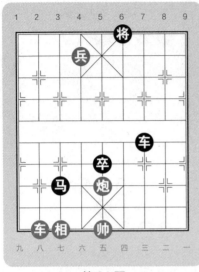

第21题

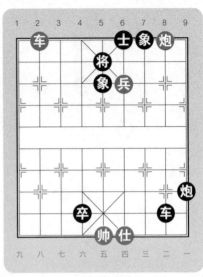

第22题

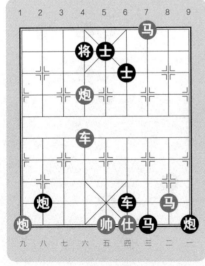

第23题

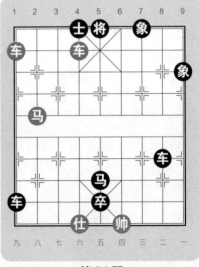

第24题

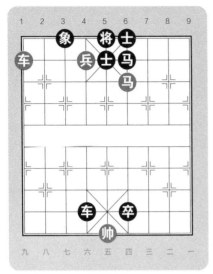

第 25 题

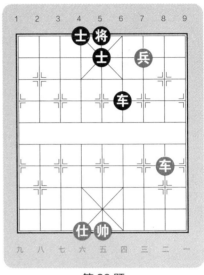

第 26 题

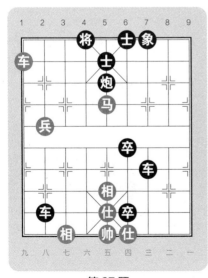

第 27 题

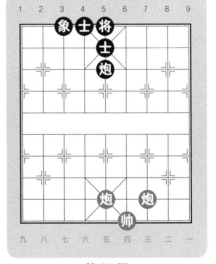

第 28 题

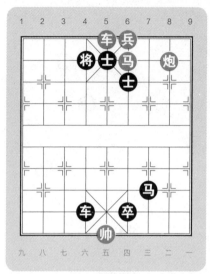

第29题

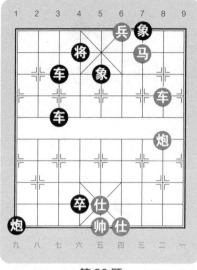

第30题

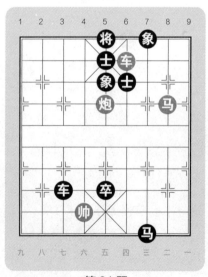

第31题

第32题

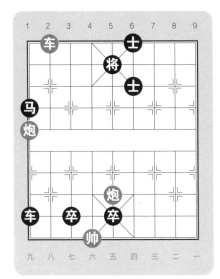

第 33 题

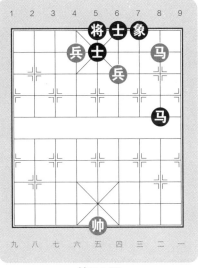

第 34 题

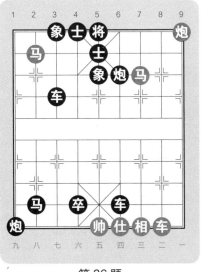

第 35 题

第 36 题

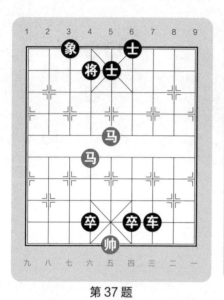

第 37 题

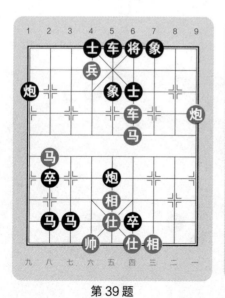

第 39 题

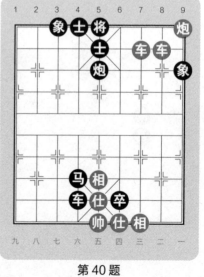

第 38 题

第 40 题

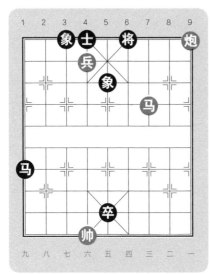

第 41 题

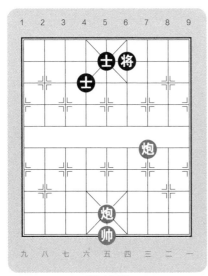

第 43 题

第 42 题

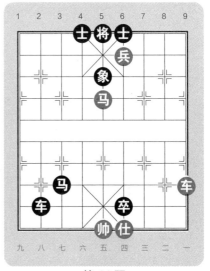

第 44 题

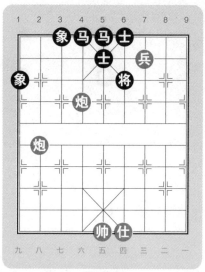

第 45 题

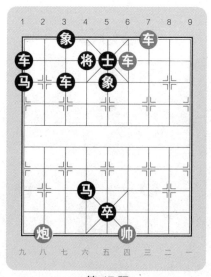

第 47 题

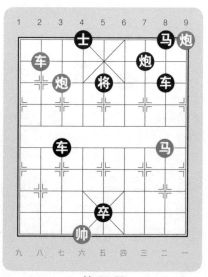

第 46 题

第 48 题

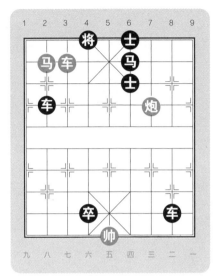

第49题

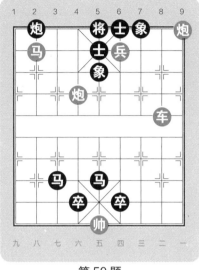

第50题

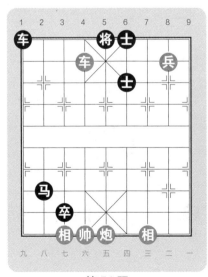

第51题

第52题

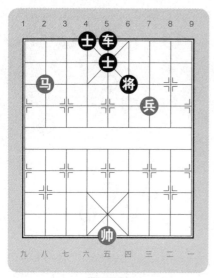

第 53 题

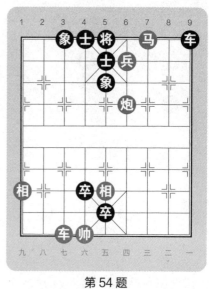

第 54 题

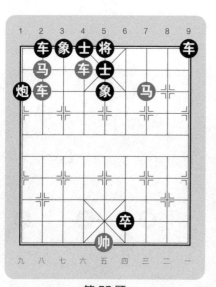

第 55 题

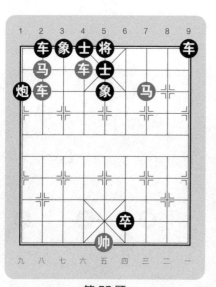

第 56 题

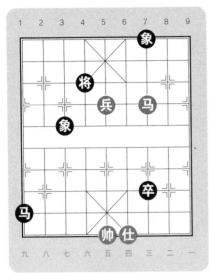

第57题

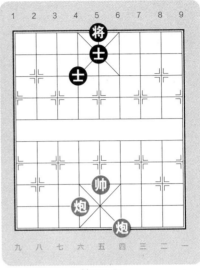

第58题

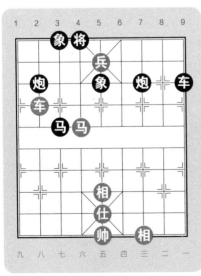

第59题

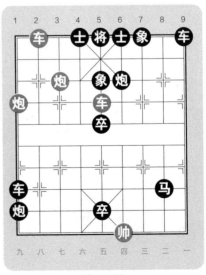

第60题

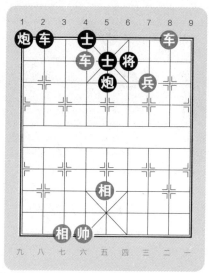

第61题

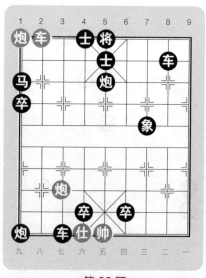

第63题

第62题

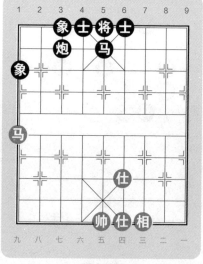

第64题

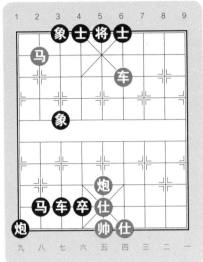

第65题

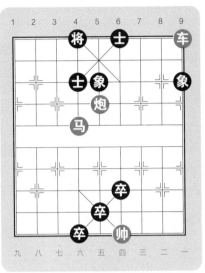

第66题

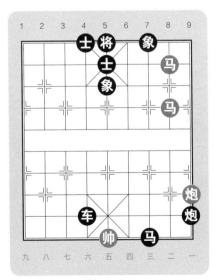

第67题

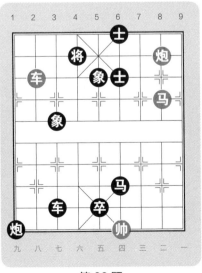

第68题

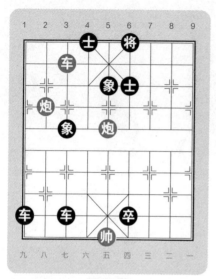

第69题

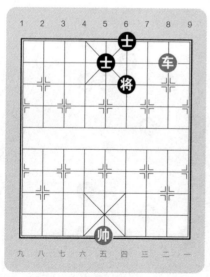

第71题

第70题

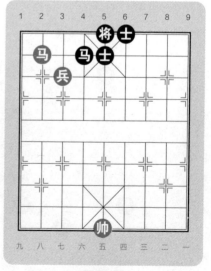

第72题

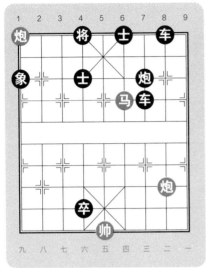

第 73 题

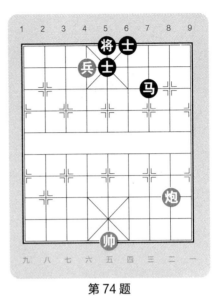

第 74 题

第 75 题

第 76 题

019

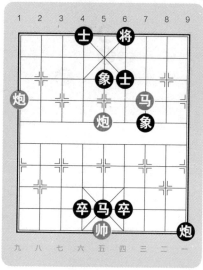

第77题

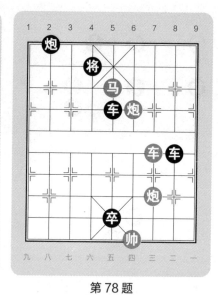

第78题

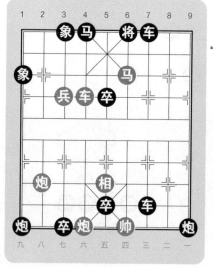

第79题

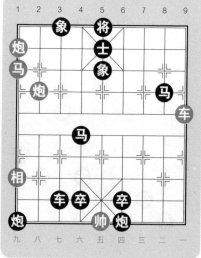

第80题

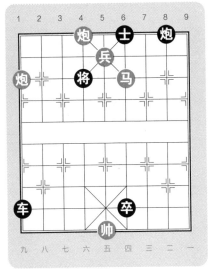

第81题

第82题

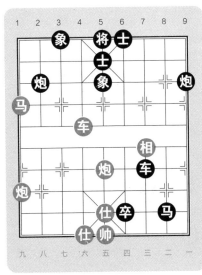

第83题

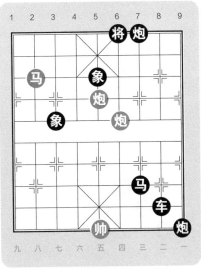

第84题

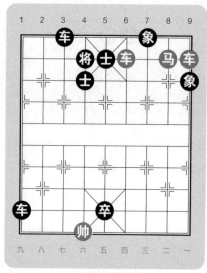

第85题

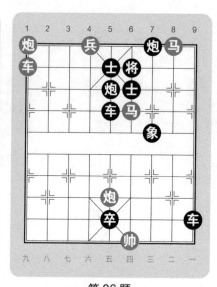

第86题

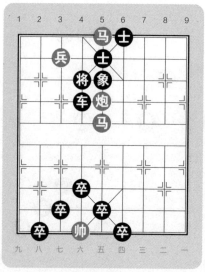

第87题

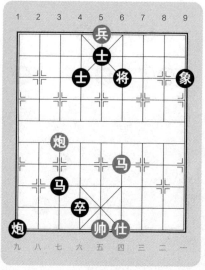

第88题

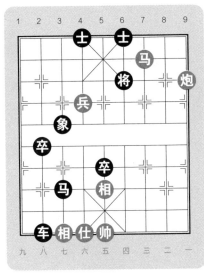

第89題

第90題

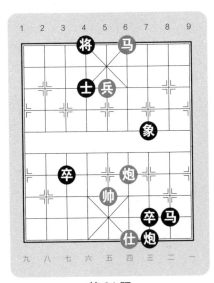

第91題

第92題

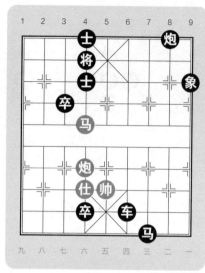

第93题

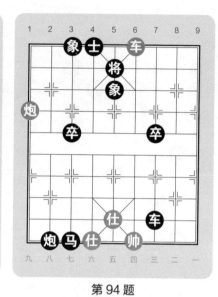

第94题

第95题

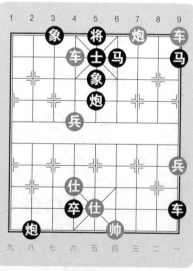

第96题

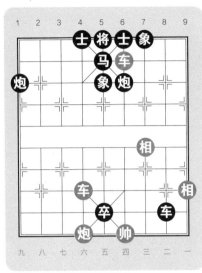

第97题

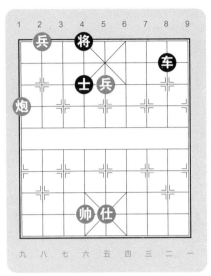

第98题

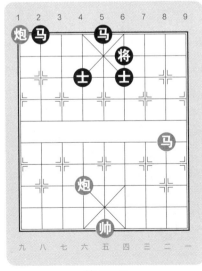

第99题

第100题

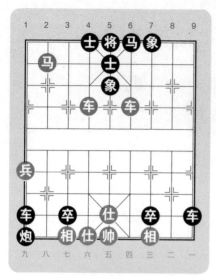

第 101 题

第 102 题

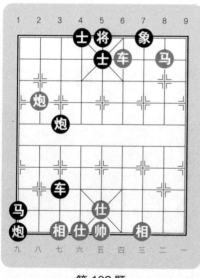

第 103 题

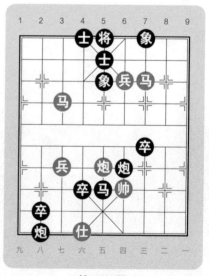

第 104 题

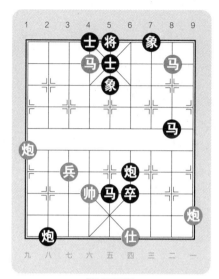

第 105 题

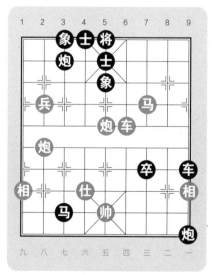

第 106 题

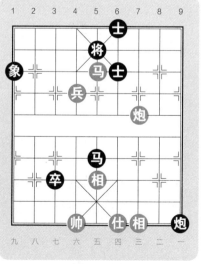

第 107 题

第 108 题

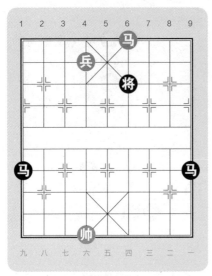

第 109 题

第 110 题

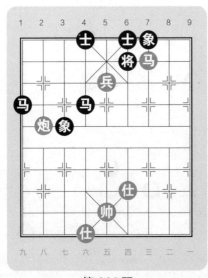

第 111 题

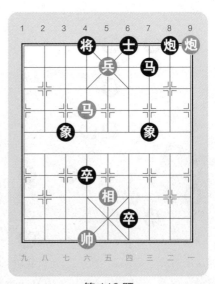

第 112 题

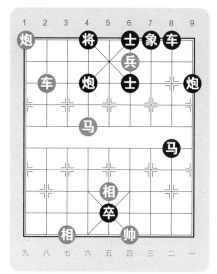

第 113 题

第 114 题

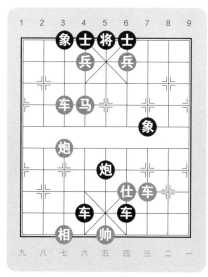

第 115 题

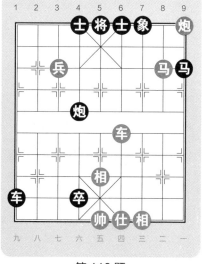

第 116 题

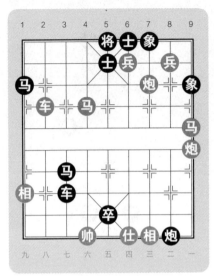

第 117 题

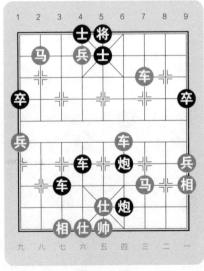

第 119 题

第 118 题

第 120 题

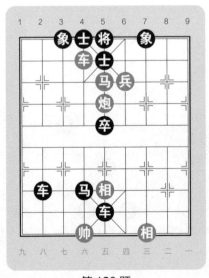

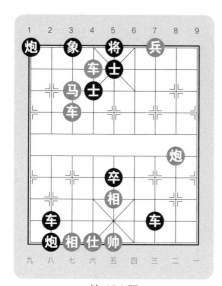

第 121 题

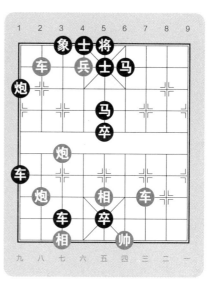

第 122 题

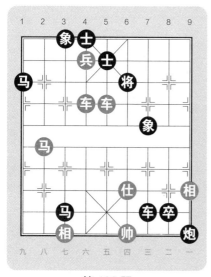

第 123 题

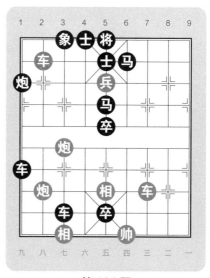

第 124 题

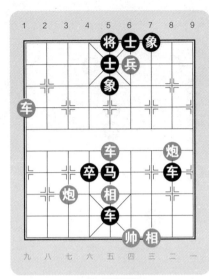

第 125 题

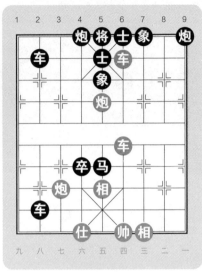

第 126 题

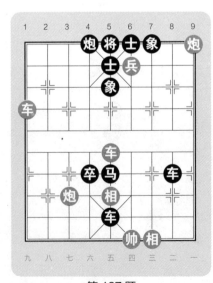

第 127 题

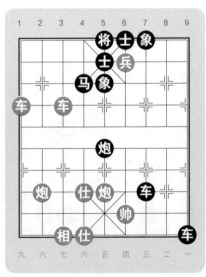

第 128 题

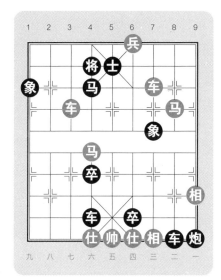

第 129 题

第 130 题

第 130 题

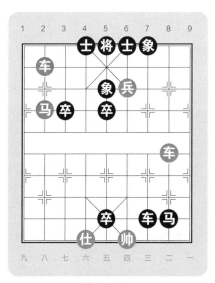

第 131 题

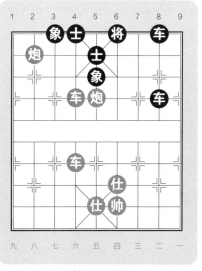

第 132 题

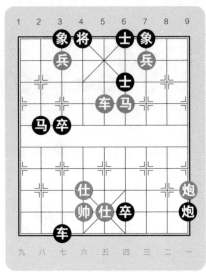

第 133 题

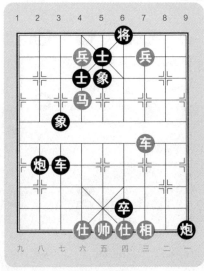

第 135 题

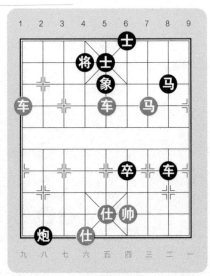

第 134 题

第 136 题

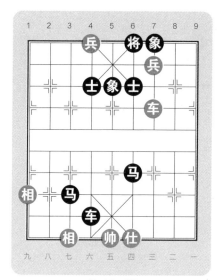

第 137 题

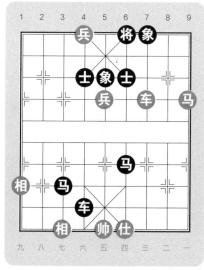

第 139 题

第 138 题

第 140 题

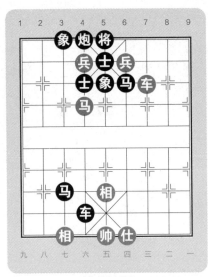

第 141 题

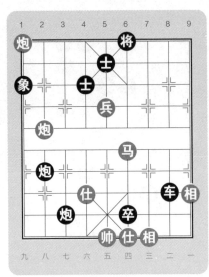

第 142 题

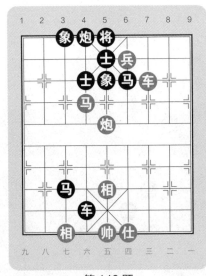

第 143 题

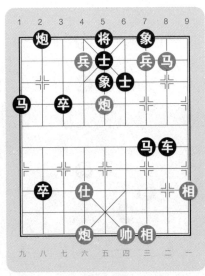

第 144 题

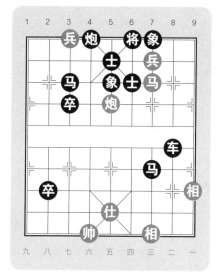

第 145 题

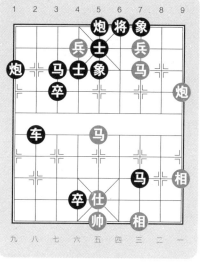

第 146 题

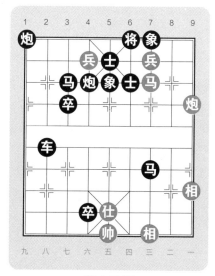

第 147 题

第 148 题

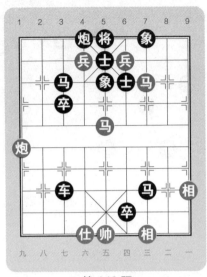

第 149 题

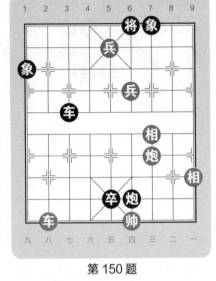

第 150 题

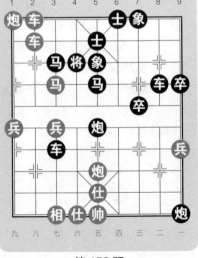

第 151 题

第 152 题

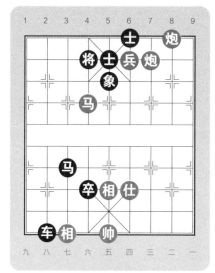

第 153 题

第 154 题

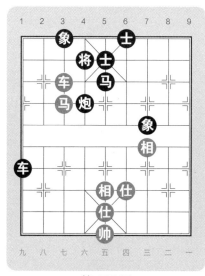

第 155 题

第 156 题

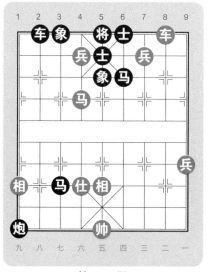

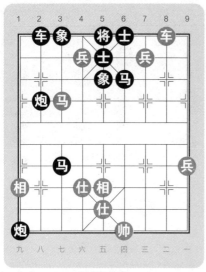

第 157 题

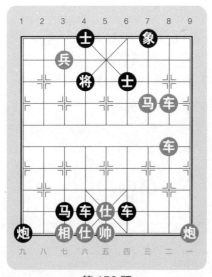

第 158 题

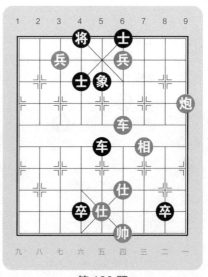

第 159 题

第 160 题

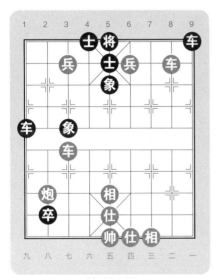

第 161 题

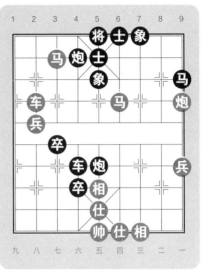

第 162 题

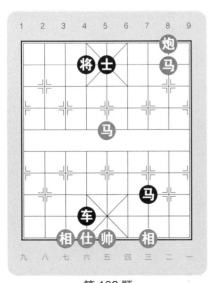

第 163 题

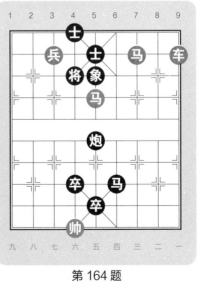

第 164 题

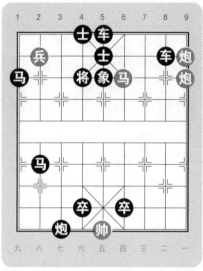

第 165 题

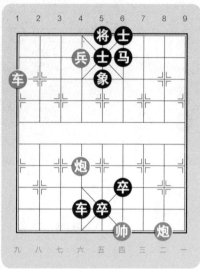

第 166 题

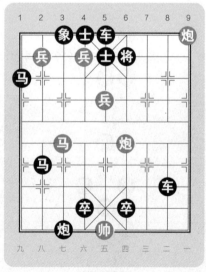

第 167 题

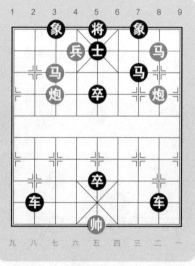

第 168 题

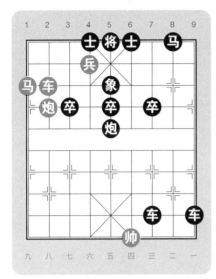

第 169 题

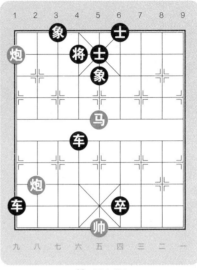

第 170 题

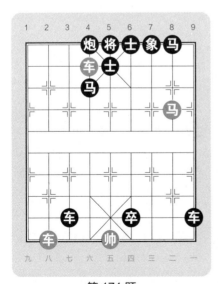

第 171 题

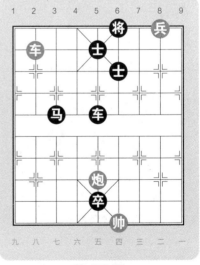

第 172 题

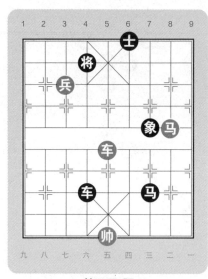

第 173 题

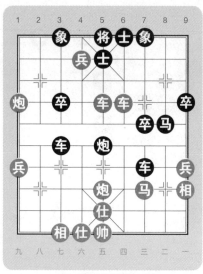

第 174 题

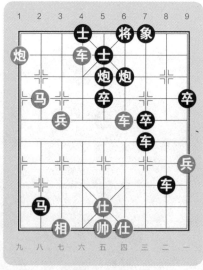

第 175 题

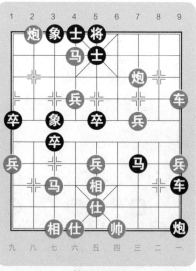

第 176 题

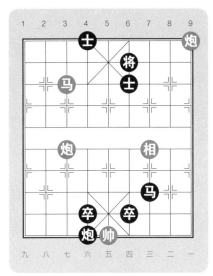

第 177 题

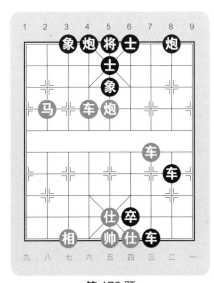

第 179 题

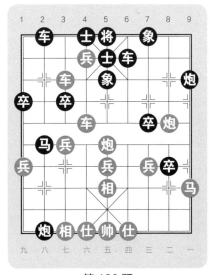

第 178 题

第 180 题

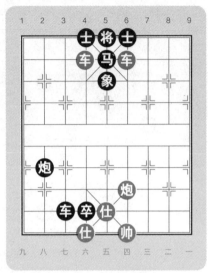

第 181 题

第 182 题

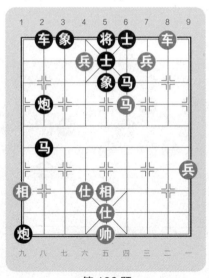

第 183 题

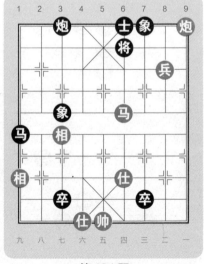

第 184 题

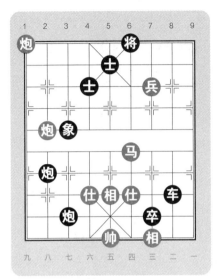

第 185 题

第 186 题

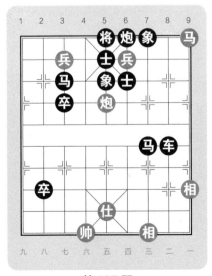

第 187 题

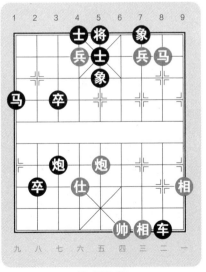

第 188 题

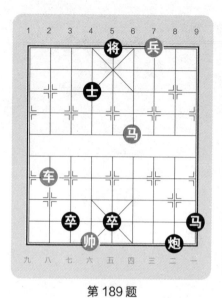

第 189 题

第 190 题

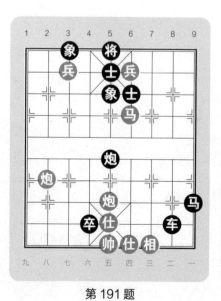

第 191 题

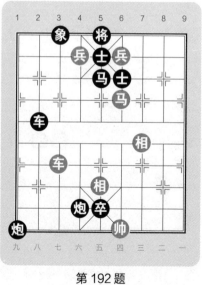

第 192 题

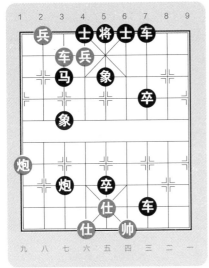

第 193 题

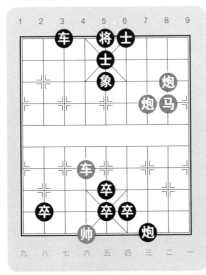

第 195 题

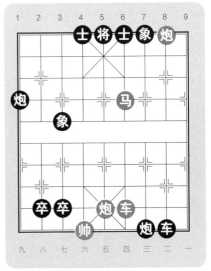

第 194 题

第 196 题

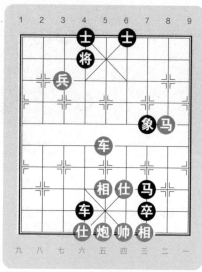

第 197 题

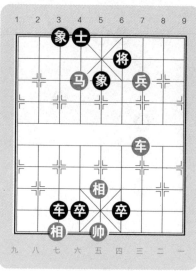

第 198 题

第 199 题

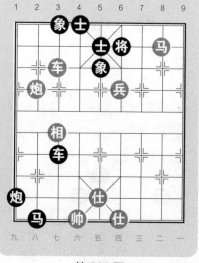

第 200 题

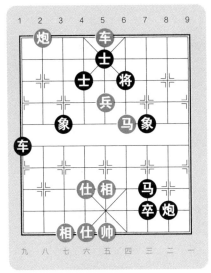

第 201 题

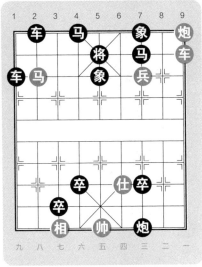

第 202 题

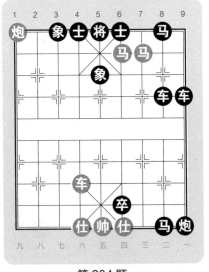

第 203 题

第 204 题

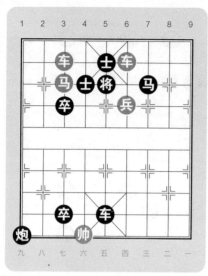

第205题

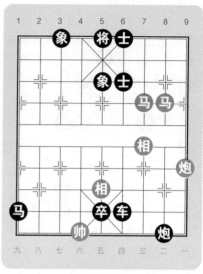

第206题

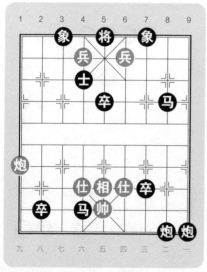

第207题

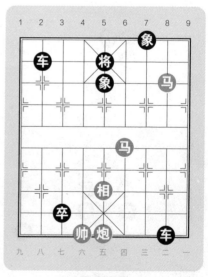

第208题

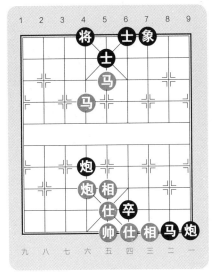

第209题

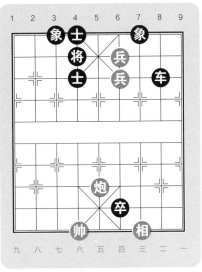

第210题

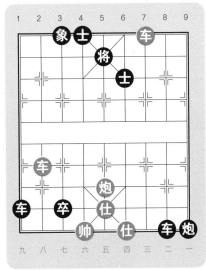

第211题

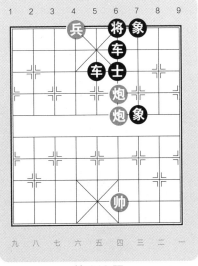

第212题

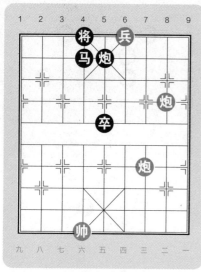

第213题

第214题

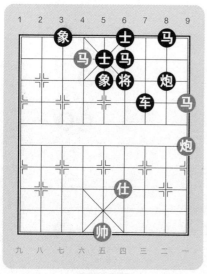

第215题

第216题

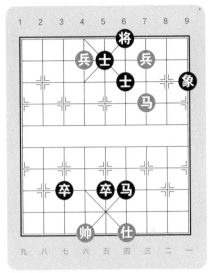

第217题

第218题

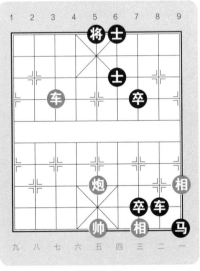

第219题

第220题

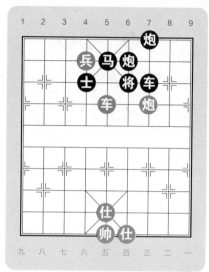

第 221 题

第 222 题

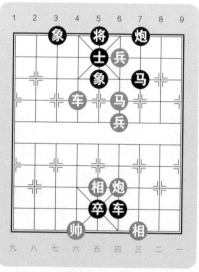

第 223 题

第 224 题

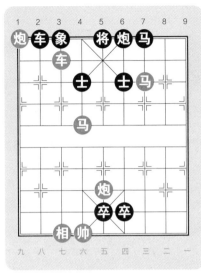

第 225 题

第 226 题

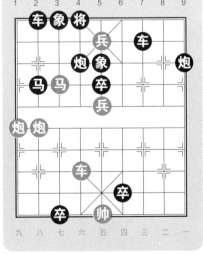

第 227 题

第 228 题

057

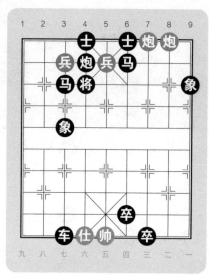

第 229 题　　　　　　　第 230 题

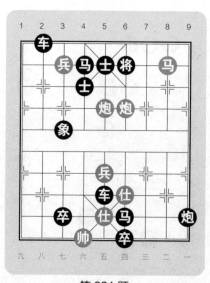

第 231 题　　　　　　　第 232 题

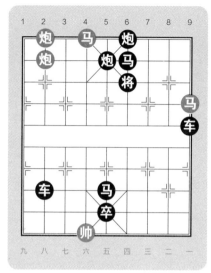

第 233 题

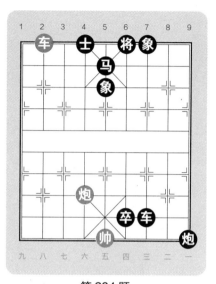

第 234 题

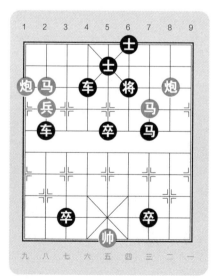

第 235 题

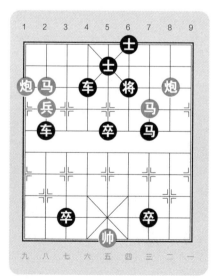

第 236 题

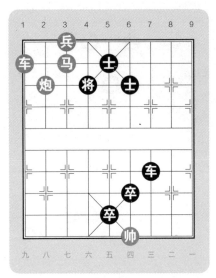

第 237 题

第 238 题

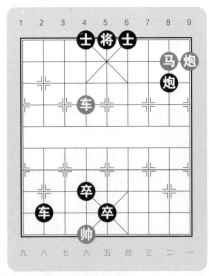

第 239 题

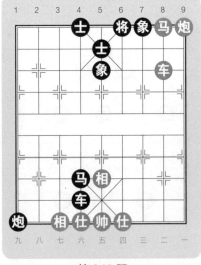

第 240 题

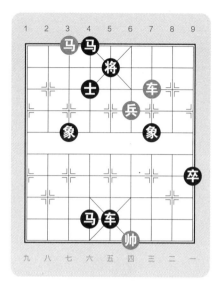

第 241 题

第 242 题

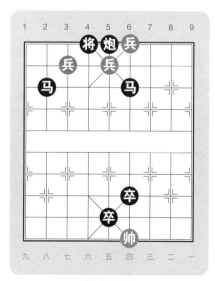

第 243 题

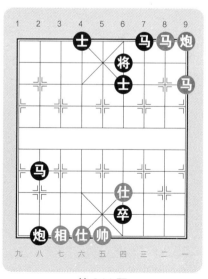

第 244 题

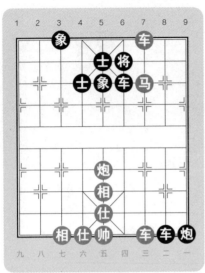

第 245 题

第 246 题

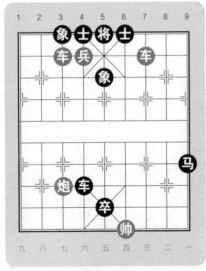

第 247 题

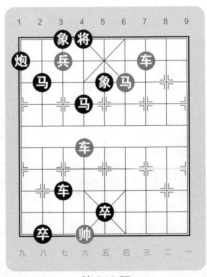

第 248 题

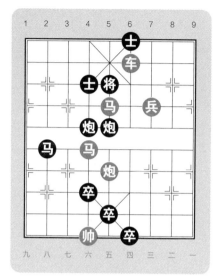

第 249 题

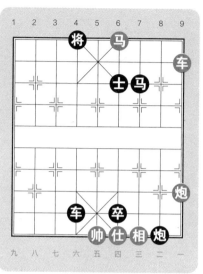

第 250 题

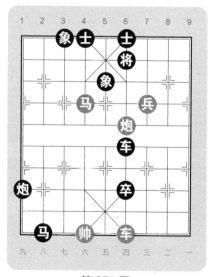

第 251 题

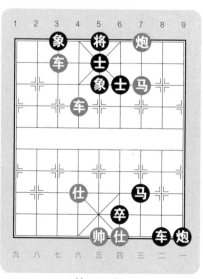

第 252 题

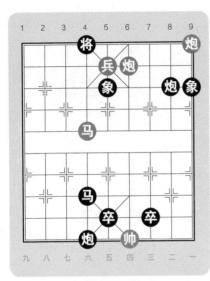

第 253 题

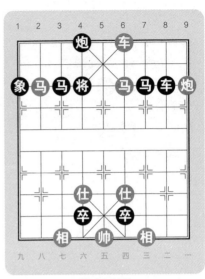

第 254 题

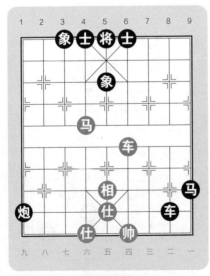

第 255 题

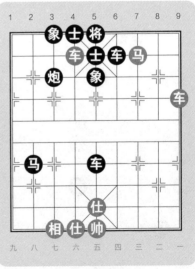

第 256 题

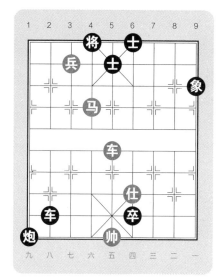

第257题

第258题

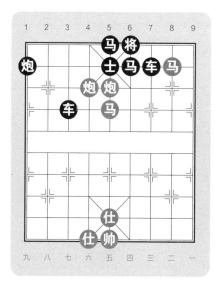

第259题

第260题

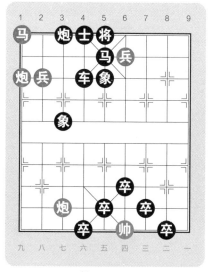

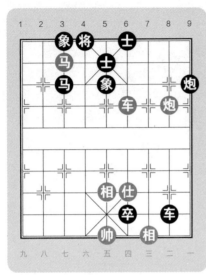

第 261 题

第 262 题

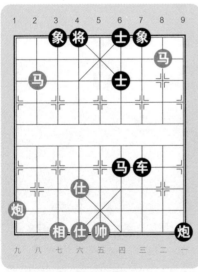

第 263 题

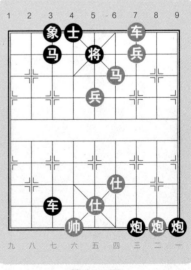

第 264 题

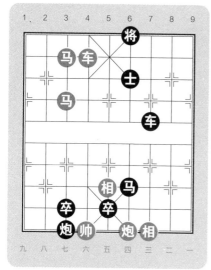

第 265 题

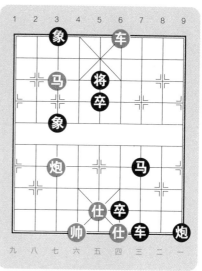

第 266 题

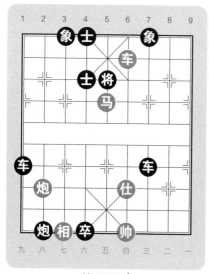

第 267 题

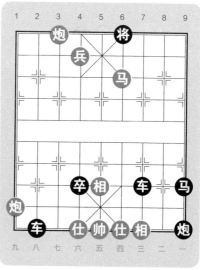

第 268 题

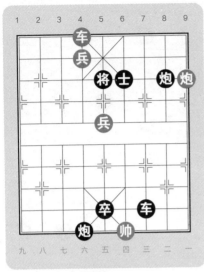

第269题

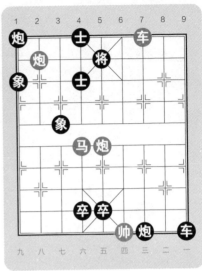

第270题

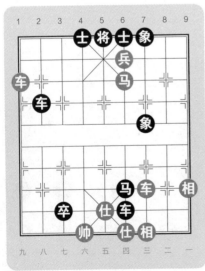

第271题

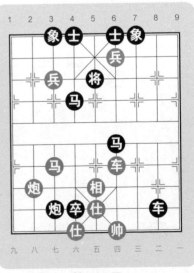

第272题

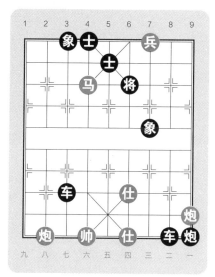

第 273 题

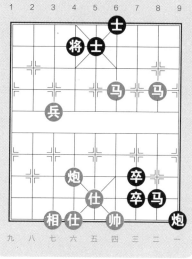

第 274 题

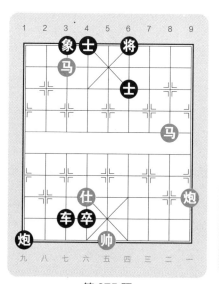

第 275 题

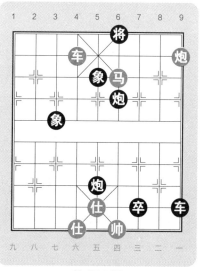

第 276 题

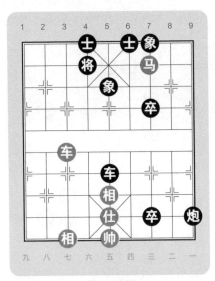

第277题

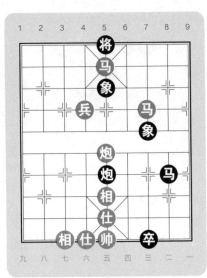

第278题

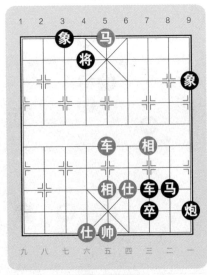

第279题

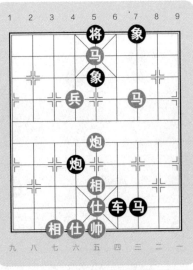

第280题

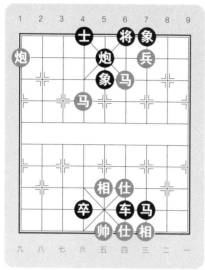

第281题

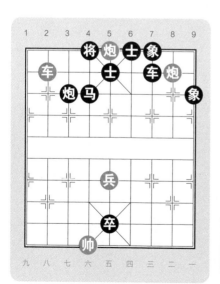

第283题

第282题

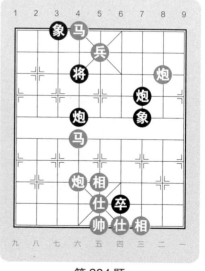

第284题

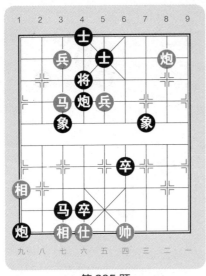

第285题

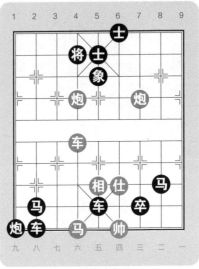

第286题

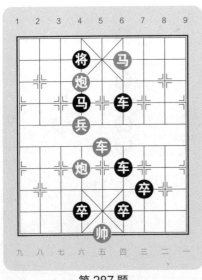

第287题

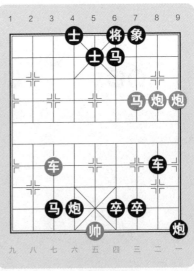

第288题

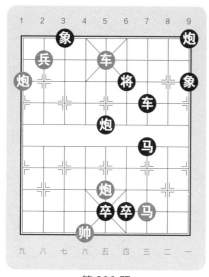

第 289 题

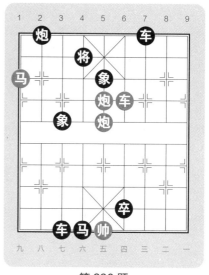

第 290 题

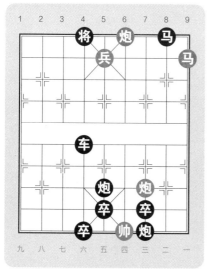

第 291 题

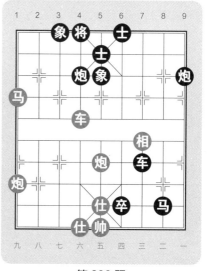

第 292 题

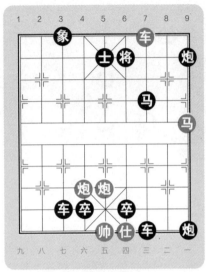

第 293 题

第 294 题

第 295 题

第 296 题

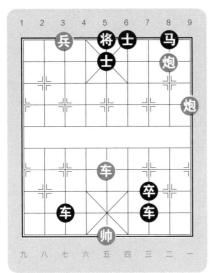

第 297 题

第 298 题

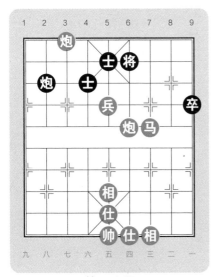

第 299 题

第 300 题

第二章 4步杀

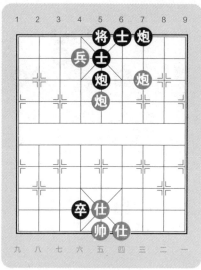

第301题

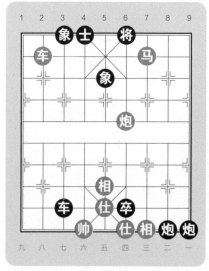

第303题

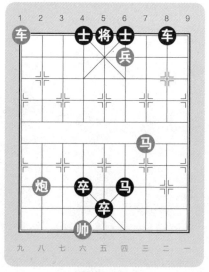

第302题

第304题

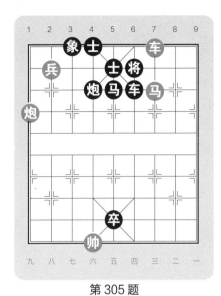

第 305 题

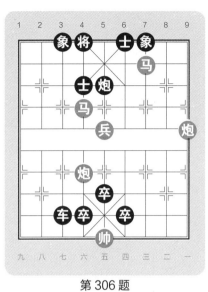

第 306 题

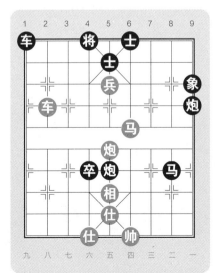

第 307 题

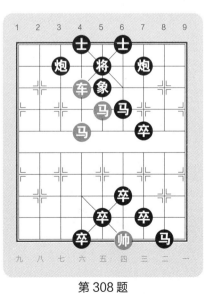

第 308 题

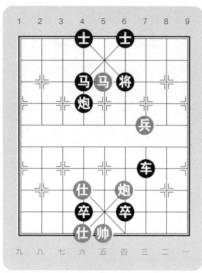

第 309 题

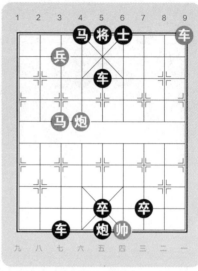

第 310 题

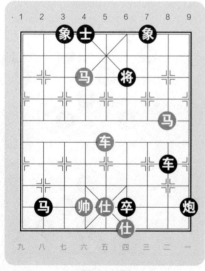

第 311 题

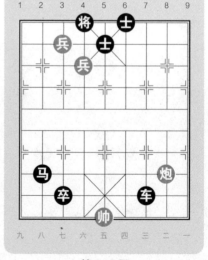

第 312 题

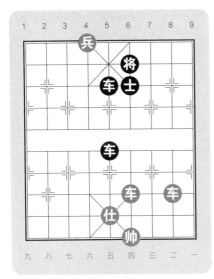

第 313 题

第 314 题

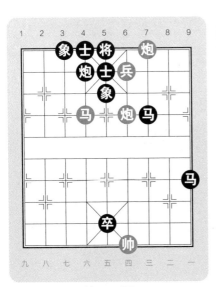

第 315 题

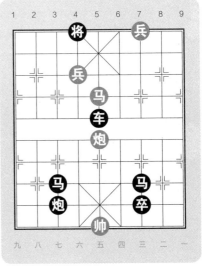

第 316 题

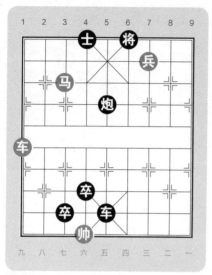

第 317 题

第 318 题

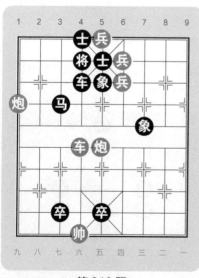

第 319 题

第 320 题

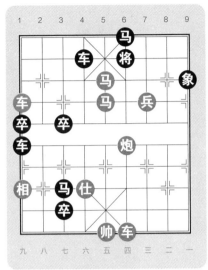

第 321 题

第 322 题

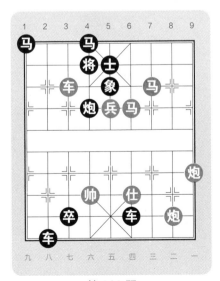

第 323 题

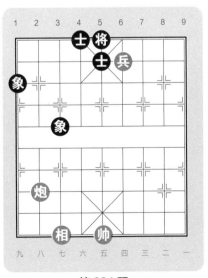

第 324 题

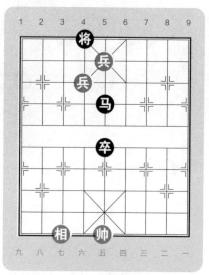

第 325 题

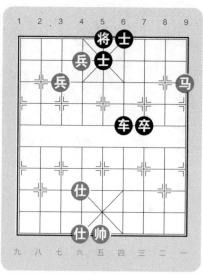

第 326 题

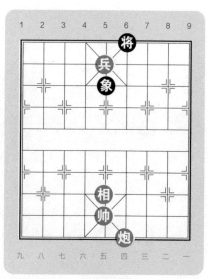

第 327 题

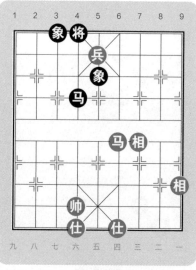

第 328 题

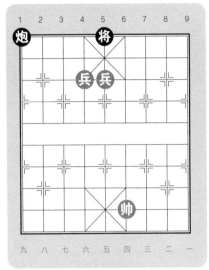

第 329 题

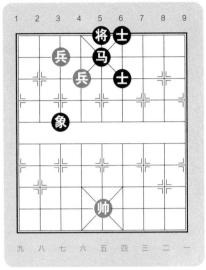

第 330 题

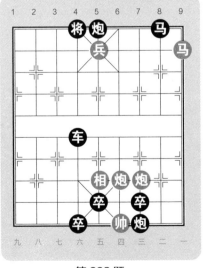

第 331 题

第 332 题

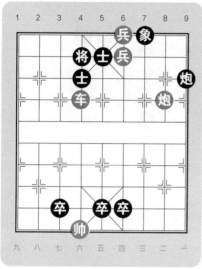

第 333 题

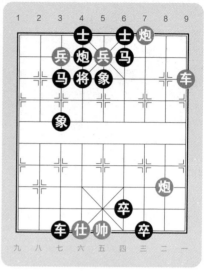

第 334 题

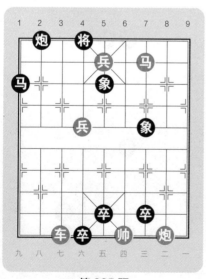

第 335 题

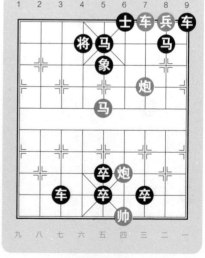

第 336 题

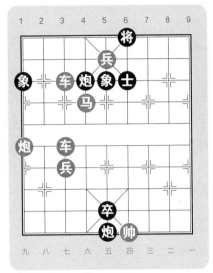

第 337 题

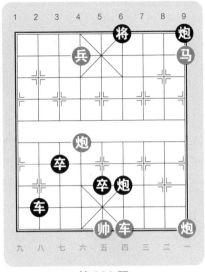

第 338 题

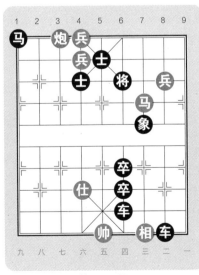

第 339 题

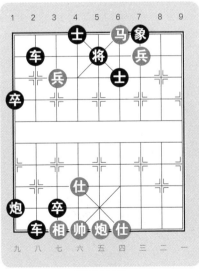

第 340 题

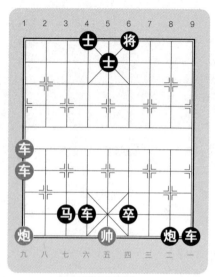

第 341 题

第 342 题

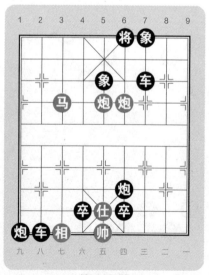

第 343 题

第 344 题

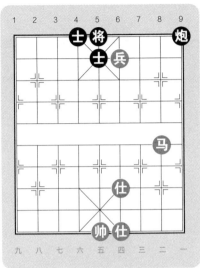

第 345 题

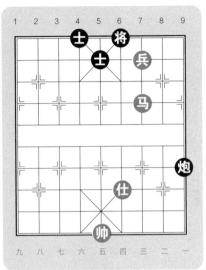

第 346 题

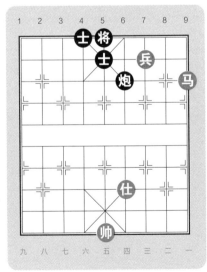

第 347 题

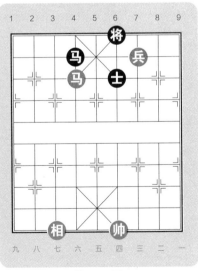

第 348 题

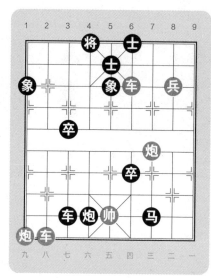

第 349 题

第 350 题

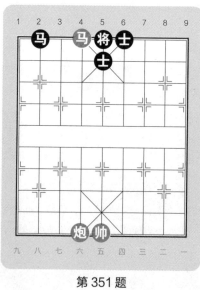

第 351 题

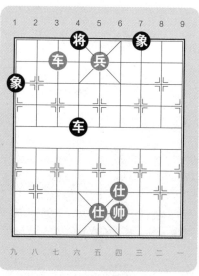

第 352 题

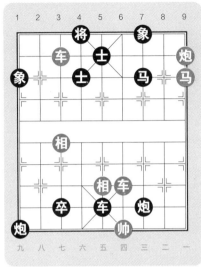

第 353 题

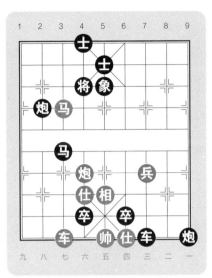

第 354 题

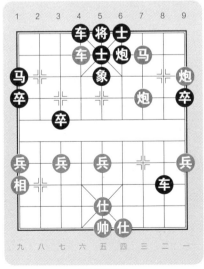

第 355 题

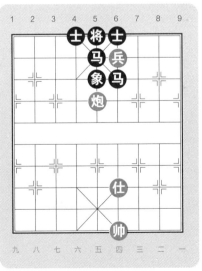

第 356 题

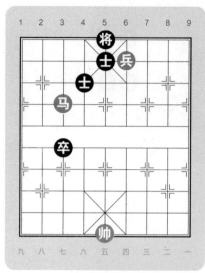

第 357 题

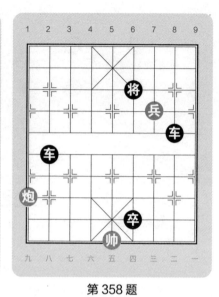

第 358 题

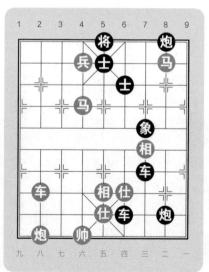

第 359 题

第 360 题

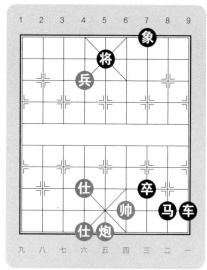

第 361 题

第 362 题

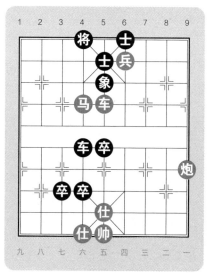

第 363 题

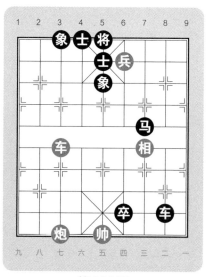

第 364 题

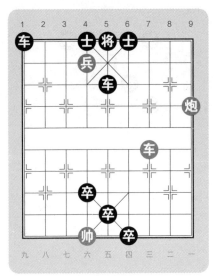

第 365 题

第 366 题

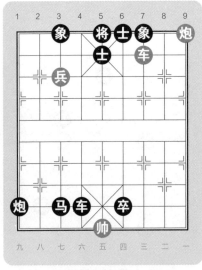

第 367 题

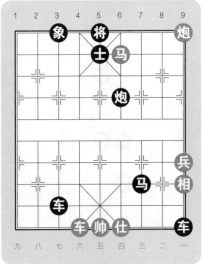

第 368 题

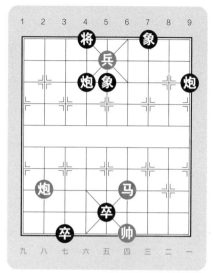

第 369 题

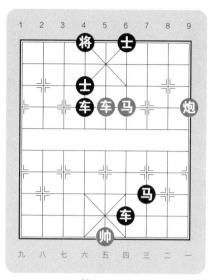

第 370 题

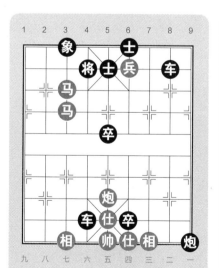

第 371 题

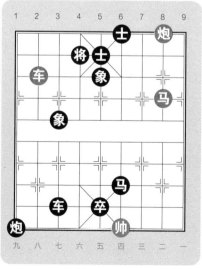

第 372 题

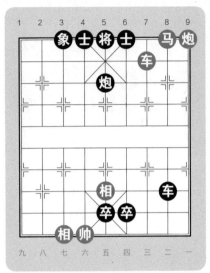

第 373 题

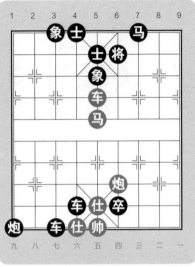

第 374 题

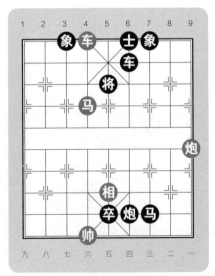

第 375 题

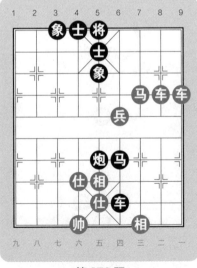

第 376 题

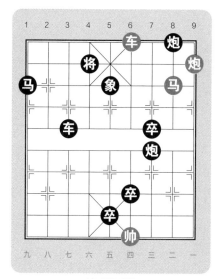

第 377 题

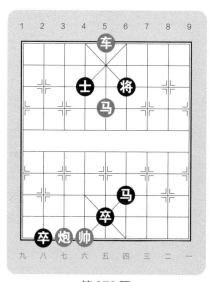

第 379 题

第 378 题

第 380 题

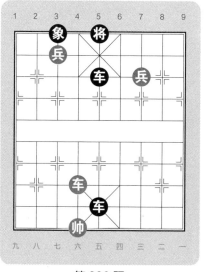

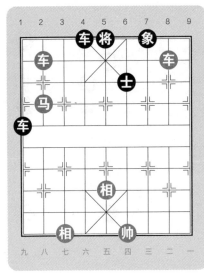

第 381 题

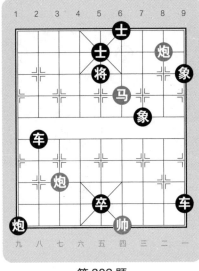

第 382 题

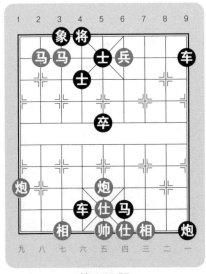

第 383 题

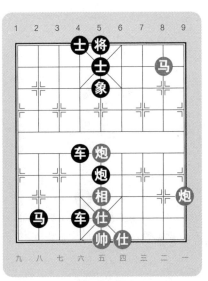

第 384 题

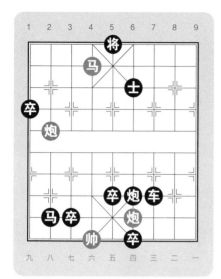

第 385 题

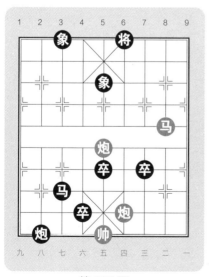

第 386 题

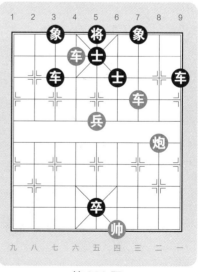

第 387 题

第 388 题

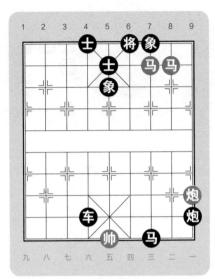

第 389 题

第 390 题

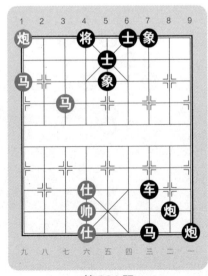

第 391 题

第 392 题

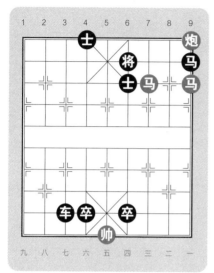

第 393 题

第 394 题

第 395 题

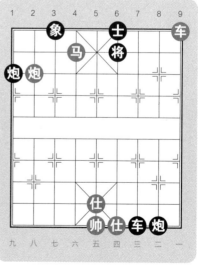

第 396 题

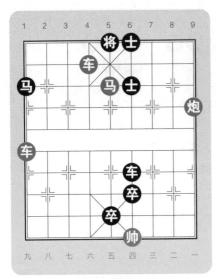

第397题

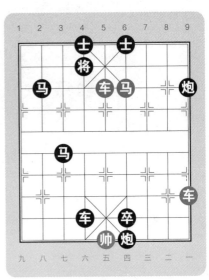

第398题

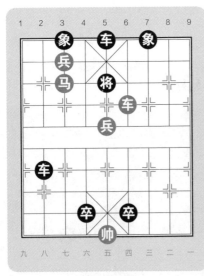

第399题

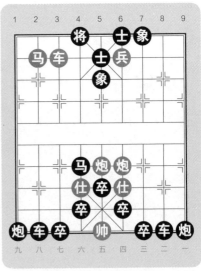

第400题

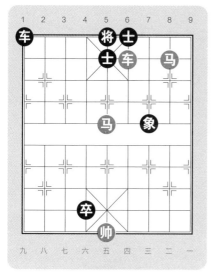

第 401 题

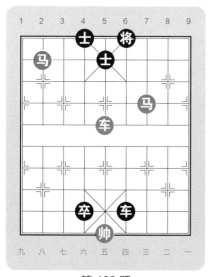

第 403 题

第 402 题

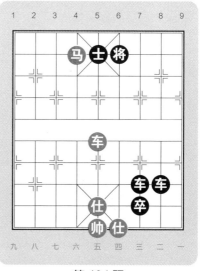

第 404 题

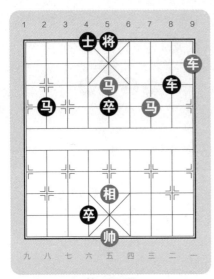

第 405 题

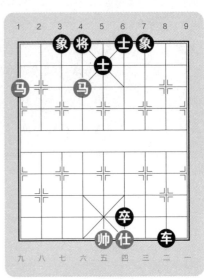

第 406 题

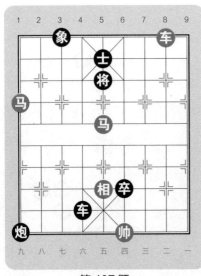

第 407 题

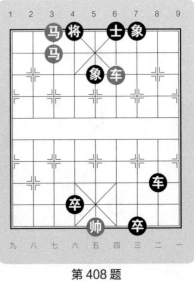

第 408 题

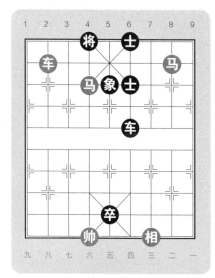

第409题

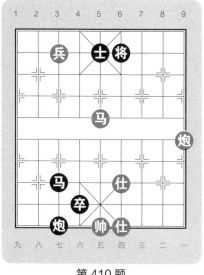

第410题

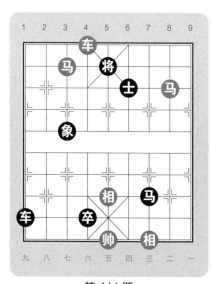

第411题

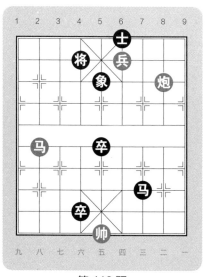

第412题

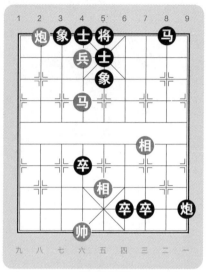

第 413 题

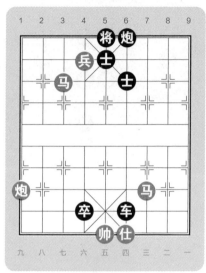

第 414 题

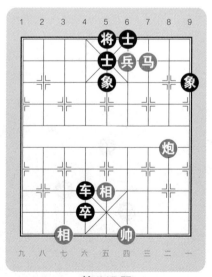

第 415 题

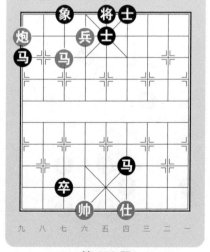

第 416 题

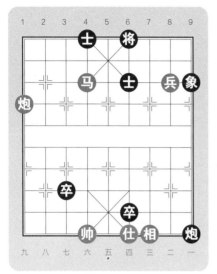

第 417 题

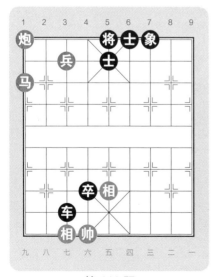

第 418 题

第 419 题

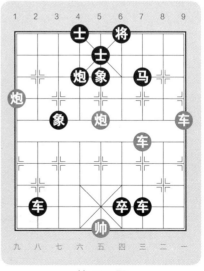

第 420 题

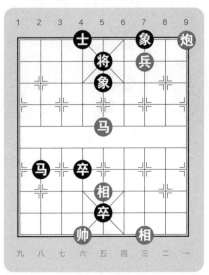

第 421 题

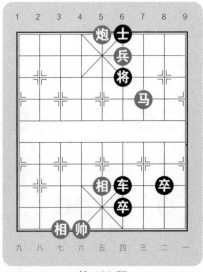

第 423 题

第 422 题

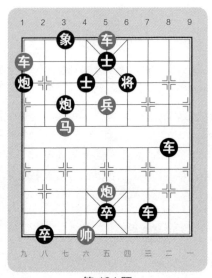

第 424 题

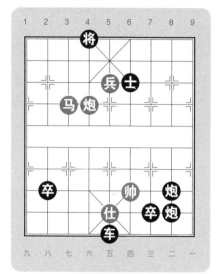

第 425 题

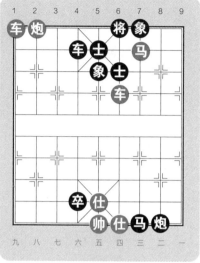

第 426 题

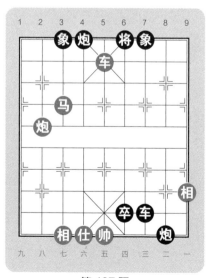

第 427 题

第 428 题

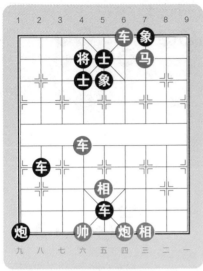

第 429 题

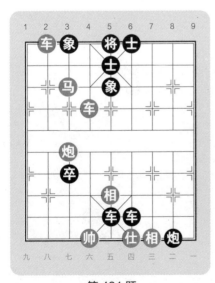

第 431 题

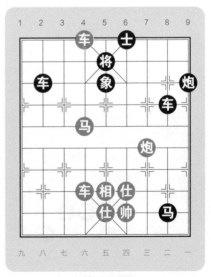

第 432 题

第 430 题

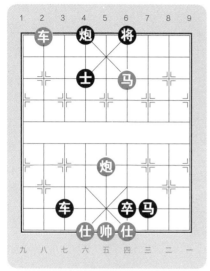

第 433 题

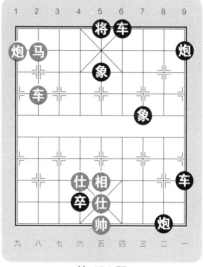

第 434 题

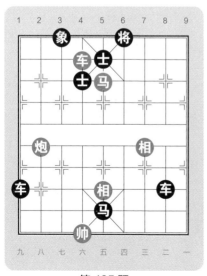

第 435 题

第 436 题

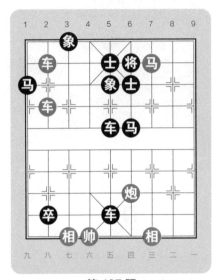

第 437 题

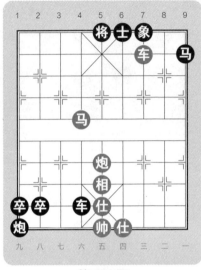

第 438 题

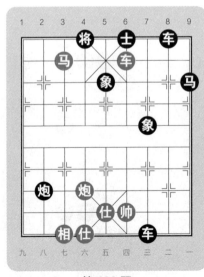

第 439 题

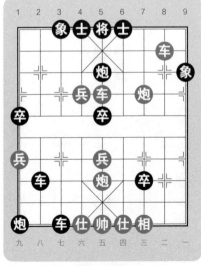

第 440 题

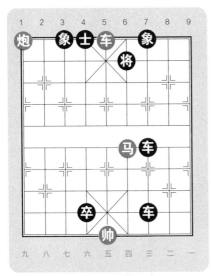

第 441 题

第 442 题

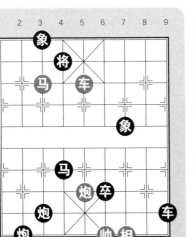

第 443 题

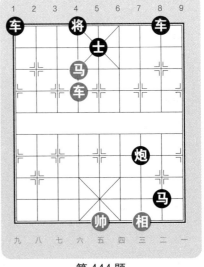

第 444 题

111

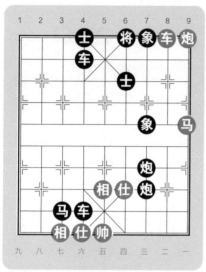

第 445 题

第 446 题

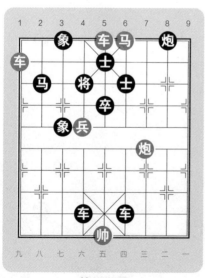

第 447 题

第 448 题

112

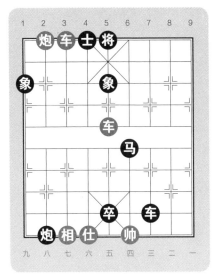

第 449 题

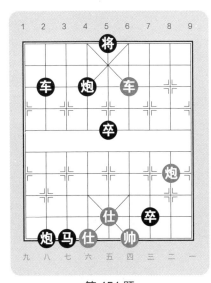

第 451 题

第 450 题

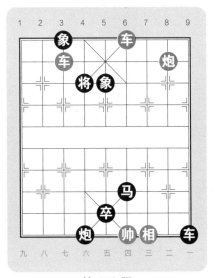

第 452 题

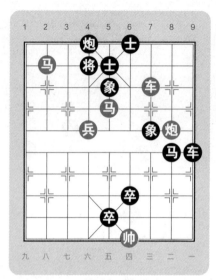

第 453 题

第 454 题

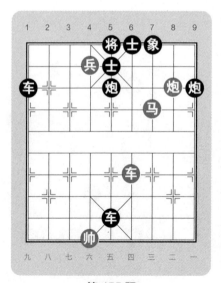

第 455 题

第 456 题

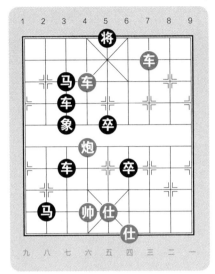

第 457 题

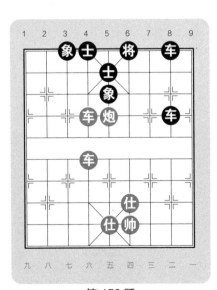

第 459 题

第 458 题

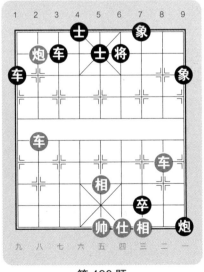

第 460 题

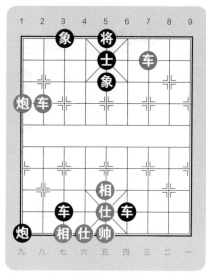

第 461 题

第 462 题

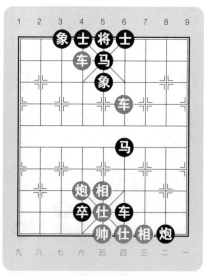

第 463 题

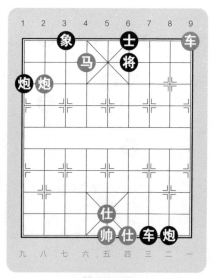

第 464 题

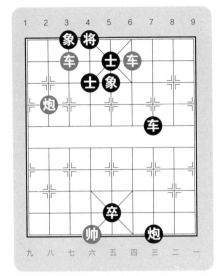

第 465 题

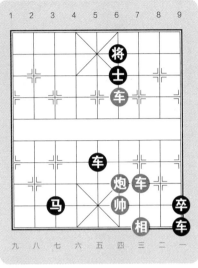

第 466 题

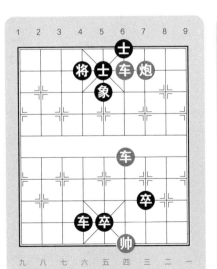

第 467 题

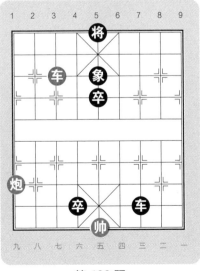

第 468 题

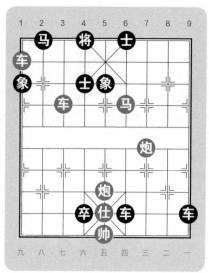

第 469 题

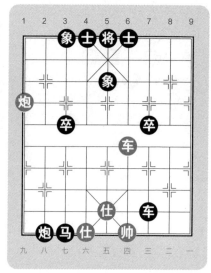

第 470 题

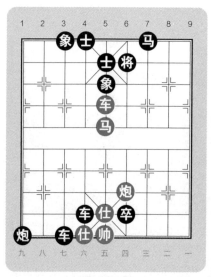

第 471 题

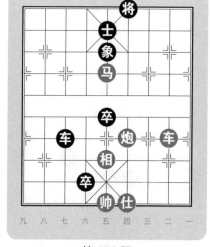

第 472 题

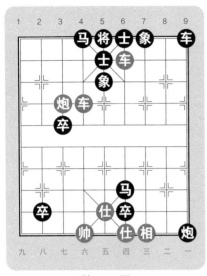

第 473 题

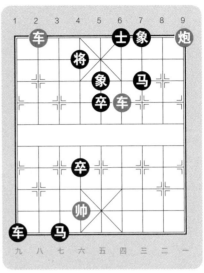

第 474 题

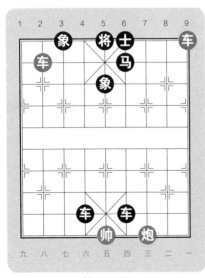

第 475 题

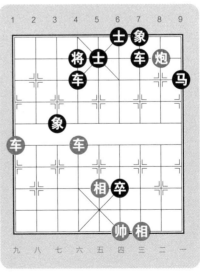

第 476 题

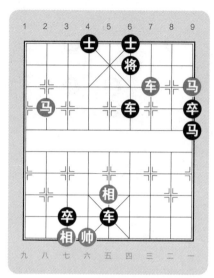

第 477 题

第 478 题

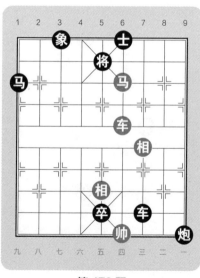

第 479 题

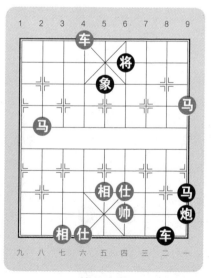

第 480 题

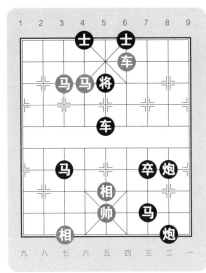

第 481 题

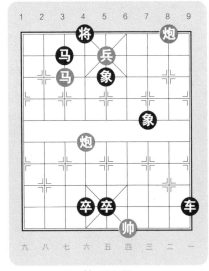

第 483 题

第 482 题

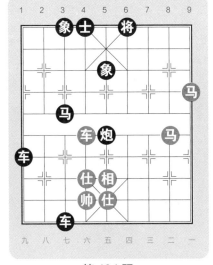

第 484 题

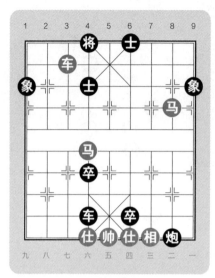

第485题

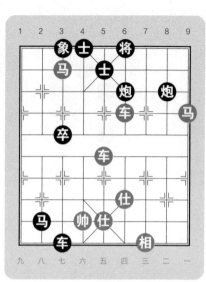

第486题

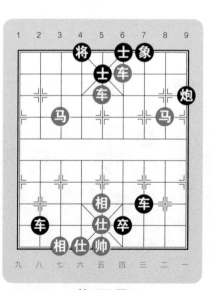

第487题

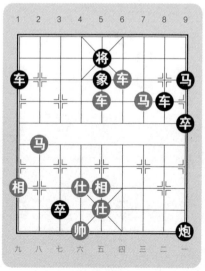

第488题

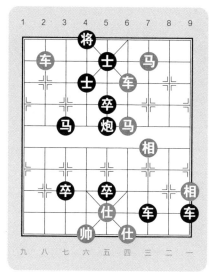

第 489 题

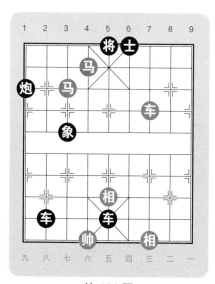

第 490 题

第 491 题

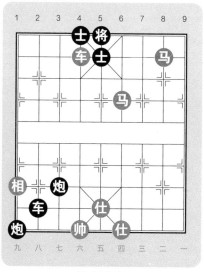

第 492 题

123

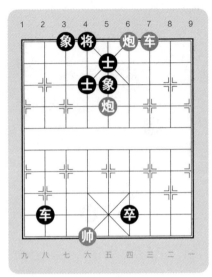

第 493 题

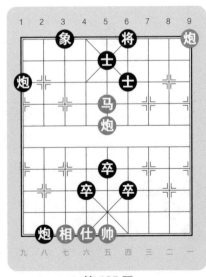

第 494 题

第 495 题

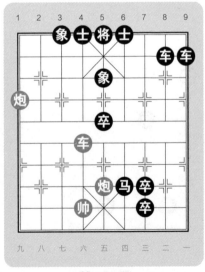

第 496 题

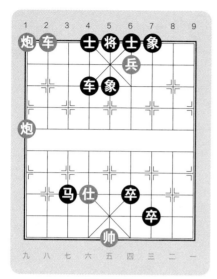

第 497 题

第 498 题

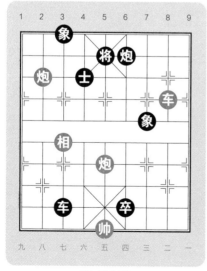

第 499 题

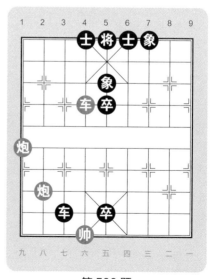

第 500 题

参考答案

第一章　3步杀

第1题

① 马五退七　将4进1

② 马七进八　将4退1

③ 炮九进八

第2题

① 马二进四　士5进6

② 前车进一　将5进1

③ 后车进二

第3题

① 炮一平八　士4进5

② 炮八平五　象7进9

③ 兵六进一

第4题

① 炮三进一　马7进9

② 炮三平二　马9进8

③ 炮二进一

第5题

① 车四进一　将5平6

第6题

① 兵六进一　将4退1

② 兵六进一　将4平5

③ 兵六进一

第7题

① 车六平五　将6退1

② 车五进二　将6进1

③ 车五平四

第8题

① 马四进六　将5退1

② 炮八进三　士4进5

③ 炮七进一

第9题

① 马五退七　将4退1

② 马七进八　将4进1

③ 兵四平五

第10题

① 炮四进八　士4进5

② 马五进三　将6进1

③ 炮五平四

126

② 车二平三　士 5 退 6

③ 车三平四

第 11 题

① 车四平五　将 5 平 4

② 车五平六　将 4 平 5

③ 炮六平五

第 12 题

① 车三进三　将 6 进 1

② 车三退一　将 6 退 1

③ 炮七进二

第 13 题

① 车五平六　将 4 平 5

② 炮六平五　车 5 退 1

③ 车六平五

第 14 题

① 兵六进一　将 4 平 5

② 兵六进一　将 5 平 6

③ 炮五平四

第 15 题

① 车八进四　将 4 进 1

② 马三退四　将 4 平 5

③ 车八退一

第 16 题

① 马八进七　将 4 退 1

② 车五平六　士 5 进 4

③ 车六进四

第 17 题

① 炮六进三　将 4 平 5

② 炮九平五　士 6 进 5

③ 车八进六

第 18 题

① 马三进五　将 6 进 1

② 马五进六　将 6 退 1

③ 炮七进八

第 19 题

① 马三进二　将 6 进 1

② 马四进六　马 4 进 2

③ 马六退五

第 20 题

① 兵五进一　将 5 进 1

② 炮三平五　将 5 平 6

③ 车二退一

第 21 题

① 车八进九　将 6 进 1

② 兵六平五　将 6 进 1

③ 车八平四

第 22 题

① 兵四平五　将 5 平 4

② 兵五平六　将 4 进 1

③ 车八平六

第 23 题

① 炮六平四　士 5 进 4

② 马三退四　将4退1

③ 车六进三

第24题

① 车六进一　将5平4

② 马八进七　将4平5

③ 车九平五

第25题

① 兵六平五　士6进5

② 车九平五　将5平4

③ 车五进一

第26题

① 车二进六　车6退3

② 车二平三　车6平7

③ 兵三进一

第27题

① 马五进七　将4平5

② 车九进一　士5退4

③ 车九平六

第28题

① 炮五进五　象3进1

② 炮三平八　象1退3

③ 炮八进八

第29题

① 车五退一　士6退5

② 马四退五　将4进1

③ 马五退七

第30题

① 车二平六　后车平4

② 炮二进四　将4退1

③ 车六进一

第31题

① 车四进一　将5平6

② 炮五平四　将6平5

③ 马二进三

第32题

① 炮四进七　将5平6

② 炮三平一　马8进6

③ 车二进一

第33题

① 车八平五　将5平6

② 炮九平四　士6退5

③ 炮五平四

第34题

① 兵四进一　马8退7

② 兵四进一　马7退6

③ 马二退四

第35题

① 炮五进二　士6退5

② 马四退二　马3退5

③ 马二退四

第36题

① 车二进九　士5退6

②马八退六　炮6平4

③车二平四

第37题

①马六进七　将4退1

②马七进八　将4平5

③马五进四

第38题

①炮七退一　士5退4

②车四平五　士6退5

③炮七进一

第39题

①车四进一　炮1平6

②马四进三　将6进1

③炮一平四

第40题

①车二进一　士5退6

②车三平五　士4进5

③车二退一

第41题

①马三进二　将6平5

②兵六进一　将5进1

③炮一退一

第42题

①帅五平六　象9进7

②炮七进六　象7退9

③炮七平一

第43题

①炮三平四　将6退1

②炮五进一　士5退4

③炮五平四

第44题

①兵四进一　将5平6

②马五进三　将6进1

③车一平四

第45题

①炮八进三　象1进3

②炮六平七　象3进1

③炮七进一

第46题

①车二平五　象3退5

②兵六平五　将5进1

③车七进八

第47题

①车四平五　将4平5

②车三退一　将5退1

③炮八进九

第48题

①马二进三　将5平6

②车八平四　马8进6

③炮一平四

第49题

①车七进一　将4进1

② 炮三进二　马6进4

③ 车七平六

第50题

① 兵四平五　将5进1

② 车二进三　将5退1

③ 马八退六

第51题

① 车六平五　将5进1

② 相三进五　将5平6

③ 兵二平三

第52题

① 炮三进五　象5退7

② 马二进三　马4退6

③ 前车进一

第53题

① 兵三进一　将6退1

② 兵三进一　将6退1

③ 马八进六

第54题

① 兵四进一　士5退6

② 马三退四　将5进1

③ 车七进八

第55题

① 车六进一　士5退4

② 车八平五　象3进5

③ 马八退六

第56题

① 马五进七　将4退1

② 炮八进七　象3进1

③ 炮九进一

第57题

① 兵五平六　将4退1

② 马三进四　马1退3

③ 兵六进一

第58题

① 炮六进二　将5平6

② 炮六平五　士5退4

③ 炮五平四

第59题

① 车八平六　炮2平4

② 车六进一　炮7平4

③ 马六进七

第60题

① 车五进一　象7进5

② 炮九平五　象5退3

③ 炮七平五

第61题

① 兵三进一　将6进1

② 车二平四　士5退6

③ 车六平四

第62题

① 车八平六　将5平4

②马四进六　马2进4

③马六进七

第63题

①车八退九　马1退2

②炮七进七　车3退9

③炮九平七

第64题

①马九进八　炮3平4

②帅五进一　炮4进2

③马八进六

第65题

①马八退六　将5进1

②车四进一　将5进1

③马六退五

第66题

①马六进七　将4进1

②马七进八　将4退1

③车一平四

第67题

①炮一进七　士5退6

②后马进四　将5进1

③炮一退一

第68题

①马二进三　士6进5

②车八平六　将4进1

③马三退四

第69题

①车七平四　将6进1

②炮八平四　士6退5

③炮五平四

第70题

①马五进六　士5进4

②马六进七　士4退5

③后马进六

第71题

①帅五进一　士5退4

②车二退二　将6退1

③车二平四

第72题

①马八退六　将5平4

②兵七进一　士5进4

③兵七进一

第73题

①炮二平六　士4退5

②马四进六　车7平4

③马六进七

第74题

①炮二进六　马7退8

②炮二平三　马8进7

③炮三进一

第75题

①马三进二　将6进1

131

②炮六进三　士5退6

③车二平四

第76题

①炮三进五　士6进5

②车九平六　将4进1

③炮五平六

第77题

①马三进二　将6进1

②炮九平四　士6退5

③炮五平四

第78题

①车三进四　将4进1

②炮四进一　将4平5

③炮三进五

第79题

①车六进三　将6进1

②车六退一　将6退1

③炮八进七

第80题

①炮八进三　士5退4

②车一进四　将5进1

③炮八退一

第81题

①马四进六　炮8平4

②马六退八　车1退6

③马八进七

第82题

①炮四平五　卒5平6

②炮五平八　卒6平5

③炮八进九

第83题

①车六进四　将5平4

②马九进八　将4平5

③炮九进七

第84题

①马八进六　将6进1

②马六退四　将6进1

③炮五平四

第85题

①马二退四　将4退1

②车四进一　士5退6

③车一平六

第86题

①马四进二　炮5平8

②车九平五　车5退2

③炮五平四

第87题

①炮五进二　车4平5

②炮五退二　士6进5

③炮五进二

第88题

①马四进五　将6退1

② 马五进三　将6进1

③ 炮七进三

第89题

① 兵六平五　士6进5

② 炮一进一　卒5进1

③ 兵五平四

第90题

① 兵五进一　将4退1

② 兵五平六　将4退1

③ 兵六进一

第91题

① 兵五平六　象7退5

② 马四退五　将4平5

③ 炮四平五

第92题

① 车四退一　炮2平7

② 马二进三　炮1平7

③ 炮九进五

第93题

① 马六进七　士4退5

② 马七退五　将4进1

③ 马五退六

第94题

① 车四退一　将5退1

② 炮九平五　士4进5

③ 车四进一

第95题

① 车八进八　将4进1

② 炮二进八　炮7平6

③ 炮二平三

第96题

① 炮三退一　马9退7

② 车六平五　炮5退2

③ 车一平三

第97题

① 车四进一　将5平6

② 车六进七　将6进1

③ 炮六进八

第98题

① 兵五进一　车8平5

② 兵八平七　将4进1

③ 炮九平六

第99题

① 马二进三　将6退1

② 帅五平四　士4退5

③ 炮六平四

第100题

① 帅四平五　将5平6

② 炮九平四　将6平5

③ 炮四进一

第101题

① 车四进二　卒7平6

133

②车六进三　士5退4

③马八退六

第102题

①炮五平六　将4退1

②炮二平六　象3进5

③前炮平五

第103题

①炮八进三　炮3退4

②仕五进六　车3进2

③车四进一

第104题

①兵四平五　炮6退4

②马七退五　卒7平6

③马五进四

第105题

①炮九平五　炮6平9

②炮一平八　马5进6

③炮八进八

第106题

①马二退四　炮1平6

②兵四平五　将5平6

③马四进二

第107题

①炮八平七　炮3平1

②马三进五　车9进1

③马五进三

第108题

①炮三平五　将5平6

②马五进六　将6平5

③兵六平五

第109题

①帅六平五　马9退8

②马四退二　将6退1

③兵六平五

第110题

①马三退一　士6进5

②马一退三　将5平4

③马三进四

第111题

①马三退四　士6进5

②马四进二　将6退1

③炮八进四

第112题

①马六进四　象3退5

②炮一平四　卒4进1

③马四进五

第113题

①马六进七　将4平5

②车八进二　炮4退2

③车八平六

第114题

①兵四平五　士4进5

② 马四进三　将5平4

③ 车七进三

第115题

① 兵四平五　士4进5

② 车七进三　士5退4

③ 车七平六

第116题

① 车四进五　将5进1

② 马二退四　将5平4

③ 兵七进一

第117题

① 马六进七　马1退3

② 车八进三　士5退4

③ 车八平六

第118题

① 炮三进七　士6进5

② 兵四平五　将5平6

③ 前车平四

第119题

① 车三进二　士5退6

② 车四平五　士4进5

③ 兵六平五

第120题

① 马五进七　象7进5

② 车六退一　将5平6

③ 炮五平四

第121题

① 炮二平五　士5进6

② 车七平五　士6退5

③ 车五进二

第122题

① 兵六进一　将5平4

② 车三进七　士5退6

③ 车三平四

第123题

① 车六进一　士5进4

② 车五平四　将6平5

③ 马八进六

第124题

① 车八平五　士4进5

② 炮八进七　士5退4

③ 车三进七

第125题

① 车九进三　士5退4

② 车五进三　士6进5

③ 车五进一

第126题

① 炮七进七　炮4进9

② 前车进一　炮9平6

③ 车四进五

第127题

① 兵四进一　炮4平6

②车九进三　士5退4

③车五进三

第128题

①车九进三　士5退4

②兵四进一　将5进1

③车七进二

第129题

①车七进二　将4退1

②车三平六　士5进4

③兵四平五

第130题

①马二退四　士6退5

②马四进三　将5平6

③车三平四

第131题

①马八进七　将5进1

②兵四进一　将5平4

③车二平六

第132题

①车六进三　士5退4

②车六平四　前车平6

③车四进三

第133题

①兵七进一　将4进1

②炮一进六　将4进1

③车五进三

第134题

①兵七进一　士5退4

②兵七平六　将6进1

③车三进四

第135题

①兵三平四　将6平5

②车三进五　士5退6

③车三平四

第136题

①车九平六　士5进4

②车六进一　将4平5

③车五进一

第137题

①兵三进一　象5退7

②兵六平五　将6进1

③车三进二

第138题

①兵六平五　将6平5

②炮一进一　象7进9

③车三进三

第139题

①马一进二　将6进1

②车三进二　将6退1

③车三平五

第140题

①马六进四　士5进6

② 炮八平五　将5平6

③ 车三平四

第141题

① 兵六平五　士4退5

② 兵四平五　将5平6

③ 车三平四

第142题

① 炮八进四　将6进1

② 马四进三　将6进1

③ 兵五进一

第143题

① 兵四平五　士4退5

② 马六进四　将5平6

③ 炮五平四

第144题

① 兵六进一　将5平6

② 兵三进一　将6进1

③ 马二退三

第145题

① 兵三平四　将6平5

② 兵七平六　马3退4

③ 兵四进一

第146题

① 兵三平二　将6进1

② 炮一进二　将6进1

③ 马五进六

第147题

① 兵三进一　将6平5

② 炮一进三　士5退6

③ 兵三平四

第148题

① 兵四平五　士4退5

② 兵六平五　马3退5

③ 马四进六

第149题

① 炮九进五　马3退2

② 兵六进一　士5退4

③ 马五进六

第150题

① 车八进九　象1退3

② 车八平七　车3退4

③ 炮三平四

第151题

① 前兵平五　士6退5

② 兵四平五　将5平4

③ 炮九平六

第152题

① 炮九退二　马3退2

② 车八平六　马2进4

③ 马七进八

第153题

① 兵四平五　将4进1

② 炮三退一　象5退7

③ 炮二退二

第154题

① 炮七进六　士6退5

② 兵六平五　将6退1

③ 马四进三

第155题

① 车七进一　将4进1

② 车七平六　炮4退2

③ 马七退五

第156题

① 兵六平五　将5平4

② 车二平四　马6退5

③ 车四平五

第157题

① 兵六平五　将5进1

② 兵三平四　将5退1

③ 车二平四

第158题

① 车四平六　将4平5

② 炮一进三　士6进5

③ 兵四进一

第159题

① 马三退五　将4平5

② 前车平五　将5平4

③ 车五进三

第160题

① 炮一进三　士6进5

② 兵四进一　象5退7

③ 兵四平五

第161题

① 炮八进七　象5退3

② 兵四平五　将5平6

③ 车二平四

第162题

① 马四进三　马9退7

② 炮一平五　卒4进1

③ 车八进三

第163题

① 马二进四　士5退6

② 马五进四　将4进1

③ 炮二退二

第164题

① 马五退七　象5进3

② 车一退一　炮5退3

③ 马三退四

第165题

① 马四退五　将4退1

② 兵八平七　马1退3

③ 马五进七

第166题

① 炮二进九　马6退8

②车九进二　士5退4

③车九平六

第167题

①兵五平四　士5进6

②兵六平五　车5进1

③兵四平五

第168题

①兵六进一　士5退4

②马二退四　将5平6

③炮二平四

第169题

①炮八平五　士6进5

②兵六平五　士4进5

③车八进二

第170题

①马五进七　将4退1

②炮八进七　象3进1

③炮九进一

第171题

①马二进四　马4退6

②车六进一　将5平4

③车八进九

第172题

①兵二平三　将6进1

②车八平五　车5退3

③炮五平四

第173题

①兵七进一　将4进1

②车五进三　象7退5

③马二进四

第174题

①车五进二　士6进5

②兵六平五　将5平4

③车四进三

第175题

①车六进一　士5退4

②车四进二　将6平5

③马八进七

第176题

①车一进三　士5退6

②马六退四　将5进1

③车一退一

第177题

①马七退五　将6退1

②马五进三　将6进1

③马三进二

第178题

①车五进一　将5平6

②炮五平四　士6退5

③炮二平四

第179题

①车六进三　将5平4

② 车三平六　将 4 平 5

③ 马八进七

第180题

① 炮二进四　车 6 退 1

② 车七平五　炮 2 平 4

③ 车五进一

第181题

① 炮四平八　炮 2 平 6

② 炮八进七　车 3 退 8

③ 车六进一

第182题

① 兵五进一　车 1 退 5

② 车四平九　马 3 退 5

③ 车九进二

第183题

① 兵三平四　炮 2 平 5

② 兵六平五　炮 5 退 2

③ 车二平四

第184题

① 兵二进一　卒 7 平 6

② 炮一退一　将 6 进 1

③ 马四进二

第185题

① 兵三进一　炮 2 平 5

② 相五退七　车 8 平 6

③ 炮八进四

第186题

① 炮一进一　车 1 平 3

② 相五退七　卒 4 进 1

③ 炮一平三

第187题

① 马一退三　马 3 进 5

② 兵七平六　车 8 进 4

③ 兵四平五

第188题

① 兵三平四　车 8 平 7

② 相一退三　炮 3 进 3

③ 兵四进一

第189题

① 兵三平四　将 5 平 6

② 马四进三　将 6 平 5

③ 车八进六

第190题

① 兵四平五　将 5 平 6

② 炮九进六　象 3 进 1

③ 兵七进一

第191题

① 炮八进六　象 3 进 1

② 马四进六　士 5 进 4

③ 兵七进一

第192题

① 车七进六　士 5 退 4

② 兵六进一　马 5 退 4

③ 马四进六

第 193 题

① 兵六进一　将 5 平 4

② 炮九进六　象 5 退 3

③ 兵八平七

第 194 题

① 马四进六　将 6 平 5

② 马六进七　将 5 退 1

③ 车六平五

第 195 题

① 炮二进二　象 5 退 7

② 马二进三　炮 7 退 8

③ 炮三进三

第 196 题

① 马四退五　炮 1 平 5

② 车四进八　将 5 进 1

③ 马五进四

第 197 题

① 兵七进一　将 4 进 1

② 车五进三　象 7 退 5

③ 马二进四

第 198 题

① 兵三平四　将 6 退 1

② 车三进五　象 5 退 7

③ 兵四进一

第 199 题

① 兵七进一　将 4 进 1

② 车五平六　将 4 平 5

③ 仕四退五

第 200 题

① 炮八进二　士 5 进 4

② 车七进一　士 4 进 5

③ 兵四进一

第 201 题

① 炮八退一　车 1 退 2

② 车五平三　车 1 平 5

③ 车三退二

第 202 题

① 车一平三　马 4 进 6

② 兵三平四　炮 7 退 8

③ 兵四平五

第 203 题

① 车四进六　将 5 平 6

② 炮七进四　马 4 进 6

③ 马五进三

第 204 题

① 马四退三　后马进 6

② 车六进七　将 5 进 1

③ 前马退四

第 205 题

① 车七平五　士 4 退 5

② 兵四进一　士5进6

③ 马七进六

第206题

① 马二进三　将5进1

② 炮一平五　象5进7

③ 前马退五

第207题

① 炮九平六　士4退5

② 兵六平五　将5平4

③ 炮六退二

第208题

① 相五退三　象5进3

② 马四进五　象3退5

③ 马五进七

第209题

① 马六进四　炮4平5

② 马五退六　士5进4

③ 马六进七

第210题

① 后兵平五　车8平5

② 兵四平五　士4进5

③ 炮五平六

第211题

① 车八进五　将5进1

② 车三平五　士6退5

③ 车七退一

第212题

① 后炮进二　车5平6

② 帅四平五　前车进1

③ 兵六平五

第213题

① 炮三平五　卒5进1

② 炮二进三　炮5退1

③ 兵四平五

第214题

① 车四进一　将5平6

② 车九平四　将6平5

③ 炮九进九

第215题

① 马一进二　车7退2

② 炮一进五　车7平8

③ 炮一平四

第216题

① 兵六进一　士5退4

② 兵三平四　马8退6

③ 马三进二

第217题

① 马三进一　卒5平4

② 兵三进一　将6平5

③ 马一进三

第218题

① 车二平四　将6进1

②炮二平四　将6平5

③炮一平五

第219题

①仕五进四　马1进2

②炮三平六　马2进4

③马九退七

第220题

①炮五进六　将5平4

②炮五平三　前卒进1

③车七平六

第221题

①车五进一　将6平5

②炮三平七　炮6平4

③炮七进一

第222题

①马五进四　象5退3

②马四退六　将5平4

③炮五平六

第223题

①车八平六　士5进4

②炮五平六　将4平5

③马四进六

第224题

①前兵平五　将5平6

②马四进三　车6退1

③车六平四

第225题

①马六进五　士6退5

②马五进三　将5平4

③炮五平六

第226题

①前兵进一　士4退5

②兵六平五　将5平4

③前兵进一

第227题

①兵六进一　将4进1

②炮五退四　将4退1

③炮五平六

第228题

①马七进八　车2进1

②炮九平五　车2退1

③炮八进五

第229题

①炮三平六　炮4进8

②兵五平六　马6退4

③炮二平六

第230题

①炮四平七　车9平6

②前炮进四　象1退3

③炮七进九

第231题

①马二退四　将6进1

② 炮四退五　将6平5

③ 炮五退四

第232题

① 马八进六　将6进1

② 马六退四　将6进1

③ 炮四退五

第233题

① 前炮平四　马6进8

② 马一进二　炮5平7

③ 炮八平四

第234题

① 车八平六　将6进1

② 炮六进六　将6进1

③ 车六平四

第235题

① 炮二平六　车2进5

② 炮六退七　士5进4

③ 马八退六

第236题

① 兵五平六　将4平5

② 兵四平五　将5平6

③ 马四进二

第237题

① 马七退八　将4平5

② 马八退六　将5平4

③ 马六进七

第238题

① 马七进五　马3进5

② 马五进七　将5平4

③ 马七进八

第239题

① 马二退四　将5进1

② 车六平五　将5平6

③ 马四进二

第240题

① 马二退三　将6进1

② 车二进一　将6进1

③ 炮一退二

第241题

① 车三进一　将5退1

② 马七退六　将5平6

③ 车三进一

第242题

① 车四进一　士5退6

② 车五进一　将5平4

③ 车五平六

第243题

① 兵四平五　马6退5

② 兵五平六　马2退4

③ 兵七进一

第244题

① 马一退三　将6退1

② 马二退三　将 6 进 1

③ 前马进四

第 245 题

① 前车平四　士 5 退 6

② 马三进二　车 8 退 9

③ 车三进八

第 246 题

① 车九平六　士 5 退 4

② 炮八进三　士 4 进 5

③ 马七进六

第 247 题

① 兵六进一　将 5 平 4

② 车三平六　车 4 退 6

③ 车七进一

第 248 题

① 车三进一　象 5 退 7

② 车六进二　马 2 进 4

③ 兵七平六

第 249 题

① 马五进七　炮 5 平 7

② 马七进六　炮 4 退 4

③ 马六进四

第 250 题

① 车一平六　车 4 退 7

② 炮一进七　炮 8 退 9

③ 马四退五

第 251 题

① 炮四退三　车 6 平 4

② 炮四平六　车 4 平 6

③ 车四进四

第 252 题

① 车七进一　象 5 退 3

② 车六进三　将 5 平 4

③ 马三进四

第 253 题

① 炮四进一　象 9 退 7

② 炮四退二　象 7 进 9

③ 马六进七

第 254 题

① 炮一平三　车 8 平 7

② 马四进五　将 4 退 1

③ 车四退一

第 255 题

① 车四进五　将 5 进 1

② 马六进七　将 5 平 4

③ 车四平六

第 256 题

① 车一进三　士 5 退 6

② 车一平四　将 5 平 6

③ 车六进一

第 257 题

① 兵七进一　将 4 进 1

②马六进四　士5进6

③车五平六

第258题

①前炮平六　车3平4

②炮二进七　将4进1

③兵八平七

第259题

①炮五平四　士5进6

②马五进六　士6退5

③炮六平四

第260题

①马九退七　车4退1

②炮九平五　象3退5

③炮七进八

第261题

①车四平六　士5进4

②车六进一　炮9平4

③炮二平六

第262题

①车八进二　将5进1

②马七进六　将5平6

③车八平四

第263题

①炮九进八　象3退5

②马八进七　将4进1

③马二进四

第264题

①车三平五　马3退5

②马四进三　炮7退9

③炮二进八

第265题

①后马进五　将6平5

②车六平四　炮3退8

③马五进七

第266题

①马七进六　将5退1

②车四退一　将5退1

③炮七进六

第267题

①炮八进五　士4退5

②马五进七　士5进4

③马七进六

第268题

①炮九平四　车7平6

②马四进二　将6平5

③炮四平五

第269题

①兵五进一　将5平4

②兵五平六　将4平5

③车六平五

第270题

①车三退一　将5退1

②炮八平五　象3退5

③车三进一

第271题

①车九平五　象7退5

②兵四平五　将5进1

③车三进六

第272题

①炮八进五　马4退2

②马七进六　马6退4

③车四进四

第273题

①马六退五　将6平5

②马五进三　将5平6

③炮一平四

第274题

①马四进六　将4进1

②兵七平六　将4平5

③马二进三

第275题

①马二进三　将6进1

②马三进二　将6退1

③炮一进七

第276题

①车六进一　将6进1

②马四进二　车9退7

③车六退一

第277题

①马三退四　士4进5

②车七平六　士5进4

③车六进三

第278题

①马五退七　将5平6

②马三进二　将6进1

③马七进六

第279题

①马五退四　将4进1

②车五进四　炮9进1

③马四退五

第280题

①马五进三　将5平4

②后马进五　将4进1

③炮五平六

第281题

①兵三平四　将6平5

②兵四平五　将5平6

③马四进二

第282题

①后炮进六　炮8退1

②兵四进一　将6进1

③马三退二

第283题

①炮五平三　车7退1

147

② 车八进一　炮3退2

③ 车八平七

第284题

① 后马进四　炮4平5

② 马四进五　炮7退1

③ 马五退六

第285题

① 兵七平六　炮4退2

② 兵五进一　象3退5

③ 马七退五

第286题

① 炮三进二　将4退1

② 炮六平五　将4平5

③ 炮三进一

第287题

① 车五进四　将4退1

② 车五进一　将4进1

③ 车五平六

第288题

① 马三进二　将6平5

② 炮一进三　马6退8

③ 炮二进三

第289题

① 车五退一　将6退1

② 炮九进一　将6退1

③ 车五平四

第290题

① 马九退七　将4退1

② 马七进八　将4进1

③ 车四进二

第291题

① 炮三进七　炮7退9

② 炮四平二　炮7进2

③ 马一进三

第292题

① 马九进八　将4平5

② 炮九进七　炮4退2

③ 车六进四

第293题

① 炮六进六　士5进4

② 炮五进六　将6进1

③ 车三退二

第294题

① 炮八进五　士4进5

② 炮九进五　将6进1

③ 车一进八

第295题

① 车九平五　将5平4

② 马八退七　将4进1

③ 车五进二

第296题

① 炮二进九　马6退8

②车九进二　士5退4

③车九平六

第297题

①车五进五　士6进5

②炮一进三　马8进6

③炮二进一

第298题

①兵六平五　马4退5

②兵七平六　炮8平5

③兵五进一

第299题

①马三进四　将6进1

②兵五平四　将6平5

③炮七退二

第300题

①炮九平五　炮1平4

②兵六平五　将5平4

③兵八平七

第二章　4步杀

第301题

①炮三进一　卒4平3

②帅五平六　卒3进1

③帅六进一　炮7平8

④炮三进一

第302题

①车七进九　象1退3

②炮九进五　象3进5

③马八进七　将4进1

④马二进四

第303题

①马三退四　将6平5

②炮四平五　将5平6

③车八平四　将6进1

④炮五平四

第304题

①兵四平五　将5进1

②马三进四　将5退1

③马四进三　将5进1

④车九退一

第305题

①车三平四　士5退6

②马三进二　将6平5

③炮九平五　将5平4

④兵八平七

第306题

①马六退五　士4退5

②兵五平六　士5进4

③兵六平七　士4退5

④炮一平六

第 307 题

① 炮五平六　炮 5 退 2

② 车八平六　将 4 平 5

③ 马四进二　炮 9 平 4

④ 马二进三

第 308 题

① 车六平五　将 5 平 4

② 车五进二　将 4 进 1

③ 车五平六　炮 3 平 4

④ 车六退一

第 309 题

① 兵三平四　车 7 平 6

② 兵四进一　将 6 退 1

③ 马五退三　炮 4 平 7

④ 兵四进一

第 310 题

① 车一平四　将 5 进 1

② 兵七平六　将 5 平 4

③ 马七进六　将 4 平 5

④ 车四平五

第 311 题

① 马六退五　将 6 退 1

② 车五平四　将 6 平 5

③ 马二进三　将 5 退 1

④ 车四进五

第 312 题

① 炮二进七　车 7 退 8

② 兵六进一　将 4 平 5

③ 兵六平五　将 5 平 4

④ 兵五进一

第 313 题

① 车二进六　将 6 退 1

② 车二平五　后车退 1

③ 车四进五　后车平 6

④ 车四进一

第 314 题

① 兵四进一　将 5 退 1

② 车三平五　车 5 退 3

③ 后炮进六　士 6 进 5

④ 兵四进一

第 315 题

① 兵四进一　将 5 平 6

② 马六进四　马 7 退 6

③ 马四进二　将 6 平 5

④ 马二进四

第 316 题

① 马五进四　车 5 退 3

② 兵三平四　车 5 平 6

③ 炮五平六　马 3 退 4

④ 兵四平五

第 317 题

① 兵三平四　将 6 平 5

② 兵四平五　士 4 进 5

③ 车九进五　士 5 退 4

④ 车九平六

第 318 题

① 炮一进一　象 7 进 9

② 马三进二　将 6 平 5

③ 炮四进二　象 5 退 7

④ 炮四退一

第 319 题

① 车六进三　士 5 进 4

② 前兵平五　士 4 进 5

③ 炮五平六　马 3 进 4

④ 炮九平六

第 320 题

① 车二进四　将 4 进 1

② 炮一进四　象 5 进 7

③ 马三进四　将 4 退 1

④ 马四退二

第 321 题

① 炮四平五　将 6 平 5

② 车四进八　将 5 平 6

③ 前马进六　将 6 进 1

④ 兵三平四

第 322 题

① 车七平六　将 6 进 1

② 车九平五　将 6 平 5

③ 车六退一　将 5 退 1

④ 炮二进六

第 323 题

① 车七平六　将 4 进 1

② 兵五平六　将 4 退 1

③ 炮二进七　士 5 进 6

④ 炮一进五

第 324 题

① 炮八平七　象 3 退 5

② 炮七平五　象 1 退 3

③ 帅五平四　象 3 进 1

④ 兵四进一

第 325 题

① 相七进九　卒 5 进 1

② 相九进七　卒 5 平 4

③ 兵六进一　马 5 退 4

④ 兵五进一

第 326 题

① 马一进三　车 6 退 3

② 兵七进一　车 6 平 7

③ 兵七进一　车 7 进 1

④ 兵六进一

第327题

① 炮四平五　象5进3

② 相五进七　象3退1

③ 炮五平七　象1退3

④ 炮七进九

第328题

① 马四退五　象3进1

② 马五进七　象1退3

③ 马七进八　象3进1

④ 马八进七

第329题

① 兵六进一　炮1进1

② 兵六平五　将5平4

③ 后兵平六　炮1平3

④ 兵六进一

第330题

① 兵六进一　象3退1

② 帅五退一　象1进3

③ 兵七进一　象3退1

④ 兵六进一

第331题

① 车五退一　车3退2

② 车五平六　士5进4

③ 车六进一　车3平4

④ 兵八平七

第332题

① 炮四进七　炮5进7

② 炮三进七　炮7退9

③ 炮四平二　炮7进2

④ 马一进三

第333题

① 车六进一　士5进4

② 炮二进二　将4退1

③ 前兵平五　将4平5

④ 炮二进一

第334题

① 炮三平六　炮4进8

② 炮二进五　象5进7

③ 炮二平七　象7退9

④ 兵七平六

第335题

① 车七进九　象5退3

② 兵五进一　将4进1

③ 炮二进八　将4进1

④ 兵六进一

第336题

① 炮四进六　将4退1

② 车三平四　马8退6

③ 炮三进三　马6进4

④ 炮三平一

第 337 题

① 前车进二　象 5 退 3

② 车七进五　象 1 退 3

③ 炮九平四　士 6 退 5

④ 马六进四

第 338 题

① 车四进二　卒 5 平 6

② 马一退三　将 6 进 1

③ 兵六平五　将 6 进 1

④ 炮一进七

第 339 题

① 兵二平三　将 6 退 1

② 兵三进一　将 6 进 1

③ 炮七退二　象 7 退 5

④ 马三退五

第 340 题

① 仕六退五　象 7 进 5

② 仕五进四　象 5 退 7

③ 马四退五　将 5 进 1

④ 仕四退五

第 341 题

① 前车平四　将 6 平 5

② 车四进五　将 5 平 6

③ 车九平四　将 6 平 5

④ 炮九进九

第 342 题

① 马二进三　将 5 平 4

② 车七进一　将 4 进 1

③ 车七退一　将 4 进 1

④ 车七退一

第 343 题

① 马七进六　将 6 进 1

② 马六退四　将 6 进 1

③ 炮四退五　炮 6 平 5

④ 仕五进四

第 344 题

① 炮二进六　士 6 进 5

② 马一进三　士 5 退 6

③ 马三退四　士 6 进 5

④ 兵七进一

第 345 题

① 马二进一　炮 9 平 7

② 马一进三　炮 7 进 1

③ 帅五进一　炮 7 退 1

④ 兵四进一

第 346 题

① 兵三进一　将 6 平 5

② 马三进一　炮 9 平 6

③ 马一进三　炮 6 退 5

④ 帅五进一

第 347 题

① 兵三进一　炮 6 平 8

② 帅五进一　炮 8 平 6

③ 马一进三　炮 6 退 1

④ 帅五退一

第 348 题

① 帅四平五　士 6 退 5

② 兵三平四　将 6 平 5

③ 兵四平五　将 5 平 6

④ 兵五平四

第 349 题

① 炮三进五　象 5 退 7

② 车四进二　士 5 退 6

③ 车八进九　象 1 退 3

④ 炮九平六

第 350 题

① 炮六平八　将 5 平 6

② 兵二平三　士 5 进 6

③ 炮八进八　士 4 进 5

④ 马七进六

第 351 题

① 马六退八　马 2 进 4

② 炮六进三　马 4 进 2

③ 炮六平二　马 2 进 4

④ 炮二进六

第 352 题

① 车七平八　象 7 进 5

② 兵五平六　车 4 退 3

③ 车八进一　象 1 退 3

④ 车八平七

第 353 题

① 车七平六　将 4 平 5

② 炮一进一　士 5 退 6

③ 车四进七　马 7 退 6

④ 马一进三

第 354 题

① 炮六退二　马 3 退 4

② 马七进八　将 4 退 1

③ 车七进八　将 4 进 1

④ 车七平五

第 355 题

① 马三退二　炮 6 平 4

② 炮一进二　象 5 退 7

③ 马二进三　炮 4 平 7

④ 炮三进三

第 356 题

① 仕四退五　马 6 退 8

② 炮五平三　马 5 进 3

③ 炮三进三　士 6 进 5

④ 兵四进一

第 357 题

① 马七进八　卒 3 平 4

② 马八退六　将 5 平 4

③ 兵四平五　卒 4 进 1

④ 马六进八

第 358 题

① 兵三平四　将 6 退 1

② 炮九平四　车 2 平 6

③ 兵四进一　将 6 退 1

④ 兵四进一

第 359 题

① 车二平六　将 4 平 5

② 车六平四　将 5 平 4

③ 车四进一　将 4 进 1

④ 马七退六

第 360 题

① 兵六平五　将 5 平 4

② 兵五平六　将 4 进 1

③ 马二进四　将 4 退 1

④ 车八进七

第 361 题

① 仕六进五　象 7 进 5

② 兵六平五　将 5 退 1

③ 兵五进一　将 5 平 4

④ 炮五平六

第 362 题

① 马六进四　将 4 平 5

② 马四进三　将 5 平 4

③ 车九平六　马 3 进 4

④ 车六进二

第 363 题

① 马六进八　士 5 进 6

② 炮一进六　士 6 进 5

③ 兵四进一　象 5 退 7

④ 兵四平五

第 364 题

① 炮七进九　象 5 退 3

② 兵四平五　将 5 平 6

③ 车七平四　马 7 退 6

④ 车四进三

第 365 题

① 炮一进三　士 6 进 5

② 车三进五　士 5 退 6

③ 兵六平五　将 5 进 1

④ 车三退一

第 366 题

① 炮二退二　象 7 退 5

② 兵五进一　将 4 退 1

③ 兵五平六　将 4 退 1

④ 炮二进二

第367题

① 车三平五　将5平4

② 车五进一　将4进1

③ 兵七进一　将4进1

④ 车五平六

第368题

① 马四进二　炮6退3

② 马二退三　炮6进2

③ 车六进九　将5平4

④ 马三进四

第369题

① 炮八平六　炮4平2

② 马四进六　炮2平4

③ 马六进五　炮4平2

④ 马五进六

第370题

① 车五进三　将4进1

② 车五平六　将4退1

③ 炮一平六　士4退5

④ 马四进六

第371题

① 前马进五　将4退1

② 马五退七　将4进1

③ 前马退九　将4退1

④ 马九进八

第372题

① 炮二退一　士5进6

② 马二进三　士6进5

③ 车八平六　将4进1

④ 马三退四

第373题

① 马二退四　士6进5

② 车三进一　士5退6

③ 马四退六　将5进1

④ 车三退一

第374题

① 车五平四　士5进6

② 车四平三　将6平5

③ 车三进二　将5退1

④ 马五进四

第375题

① 车六平五　士6进5

② 车五退一　车6平5

③ 马六退四　将5平6

④ 炮一平四

第376题

① 车一进三　士5退6

② 车一平四　将5平6

③ 车二进三　象5退7

④ 车二平三

156

第 377 题

① 马二进四　炮 8 进 1

② 车四平六　将 4 平 5

③ 马四退三　炮 8 退 1

④ 马三进二

第 378 题

① 车一退一　马 9 进 8

② 车一平二　将 6 退 1

③ 马四进六　将 6 退 1

④ 车二进二

第 379 题

① 马五进六　将 6 退 1

② 炮七进八　士 4 退 5

③ 车五退一　将 6 退 1

④ 车五退七

第 380 题

① 车六进七　将 5 进 1

② 兵七平六　将 5 平 6

③ 兵三进一　将 6 进 1

④ 车六平四

第 381 题

① 马八进七　将 5 平 6

② 车二平四　将 6 进 1

③ 马七退五　车 4 进 1

④ 车八平六

第 382 题

① 马四退六　将 5 平 4

② 炮七平六　车 2 平 4

③ 马六进四　将 4 平 5

④ 马四进三

第 383 题

① 马七退八　将 4 平 5

② 后马进六　车 4 退 6

③ 马八退六　将 5 平 4

④ 炮九平六

第 384 题

① 马二退四　将 5 平 6

② 炮一平四　炮 5 平 6

③ 炮五平四　后车平 6

④ 炮四进二

第 385 题

① 马六退四　将 5 进 1

② 马四退六　将 5 退 1

③ 马六进七　将 5 进 1

④ 炮八进三

第 386 题

① 兵五进一　马 7 退 5

② 炮二平四　马 5 进 6

③ 马三进四　士 4 退 5

④ 炮四平一

第387题

① 马二进三　　将6进1

② 马三退四　　卒7平6

③ 马四退二　　卒6平7

④ 马二退四

第388题

① 炮二进五　　象7进5

② 车三进三　　士5退6

③ 车六平五　　将5进1

④ 车三退一

第389题

① 马三退五　　将6平5

② 马五进三　　将5平6

③ 马三退二　　将6平5

④ 后马进四

第390题

① 炮五平四　　将6平5

② 马四退六　　将5退1

③ 马五进四　　将5平4

④ 炮四平六

第391题

① 马九进八　　象5退3

② 马八退七　　将4进1

③ 前马退九　　将4进1

④ 马九进八

第392题

① 马四进五　　象3退5

② 马五进六　　象5进3

③ 马六进五　　象3退5

④ 马五进七

第393题

① 马三进二　　马9退7

② 马一退三　　将6退1

③ 马三进二　　将6进1

④ 炮一退一

第394题

① 兵三平四　　将6平5

② 车三进三　　士5退6

③ 兵四进一　　卒2平3

④ 车三平四

第395题

① 前马退六　　将5进1

② 马六退七　　将5平6

③ 后马进五　　将6进1

④ 炮九退二

第396题

① 车一平四　　将6平5

② 车四退一　　将5进1

③ 马六退七　　将5平4

④ 车四平六

第 397 题

① 车六进一　将 5 进 1

② 炮一平五　将 5 进 1

③ 车六平五　将 5 平 4

④ 车九平六

第 398 题

① 车五进一　将 4 进 1

② 车五平六　马 2 退 4

③ 马四进五　士 4 进 5

④ 车一进五

第 399 题

① 兵五进一　将 5 平 4

② 车四进一　车 5 进 2

③ 车四平五　象 3 进 5

④ 兵五平六

第 400 题

① 车七进一　将 4 进 1

② 兵四平五　士 6 进 5

③ 炮四进五　士 5 退 6

④ 车七平六

第 401 题

① 马五进六　将 5 平 4

② 马六进八　将 4 进 1

③ 马二进四　车 1 平 5

④ 车四平五

第 402 题

① 车七平六　士 5 进 4

② 马八退六　士 4 退 5

③ 马三进二　将 6 退 1

④ 马六退五

第 403 题

① 马三进二　将 6 进 1

② 马八进六　士 5 退 4

③ 马二退三　将 6 退 1

④ 车五进四

第 404 题

① 仕五进四　士 5 进 6

② 车五进五　士 6 退 5

③ 车五退一　将 6 退 1

④ 车五平三

第 405 题

① 马五进三　将 5 进 1

② 前马退四　将 5 进 1

③ 马四退五　将 5 平 4

④ 马五进七

第 406 题

① 马六进八　将 4 平 5

② 马九进七　将 5 平 4

③ 马七退五　将 4 平 5

④ 马五进三

第407题

①马五进三　将5平4

②马九进八　将4退1

③马八退七　将4进1

④马三退五

第408题

①车四进二　将4进1

②车四退一　将4退1

③后马退五　将4平5

④车四进一

第409题

①车八进一　象5退3

②车八平七　将4进1

③马二进四　将4平5

④车七退一

第410题

①马五进三　将6退1

②马三进二　将6平5

③马二退四　将5平4

④兵七平六

第411题

①马七退六　将5进1

②车六平五　将5平4

③马二退四　将4退1

④马六进八

第412题

①马八进七　将4退1

②炮二进二　士6进5

③兵四进一　象5退7

④兵四平五

第413题

①兵六平五　将5平6

②马六进四　马8进7

③炮八平六　卒6平5

④马四进五

第414题

①兵六进一　炮6平4

②炮九进七　炮4进2

③马七进八　炮4退2

④马八退六

第415题

①炮二进五　象9退7

②兵四平五　将5平4

③炮二平四　卒4平5

④马三进五

第416题

①炮九进一　马1退2

②兵六进一　士5退4

③炮九平七　士4进5

④马七进六

160

第 417 题

① 兵二平三　炮 9 平 6

② 兵三进一　卒 6 平 5

③ 炮九平四　士 6 退 5

④ 兵三平四

第 418 题

① 兵七平六　将 4 平 5

② 兵六进一　将 5 平 4

③ 马五进七　将 4 进 1

④ 炮五平六

第 419 题

① 马九进八　士 5 退 4

② 马八退七　士 4 进 5

③ 兵七进一　士 5 退 4

④ 兵七平六

第 420 题

① 车三平四　马 7 进 6

② 车一平四　士 5 进 6

③ 前车进二　炮 4 平 6

④ 车四进三

第 421 题

① 炮一退一　将 5 退 1

② 马五进四　将 5 平 6

③ 炮一进一　象 7 进 9

④ 马四进三

第 422 题

① 兵八平七　象 5 退 3

② 马二进三　车 8 退 4

③ 马三退四　车 8 平 9

④ 兵五平六

第 423 题

① 兵四平五　士 6 进 5

② 马三进二　将 6 退 1

③ 炮五平一　卒 6 平 5

④ 炮一退一

第 424 题

① 兵五平四　将 6 退 1

② 炮五平四　车 8 平 6

③ 马七进五　象 3 进 5

④ 兵四进一

第 425 题

① 马七进八　将 4 进 1

② 炮六平九　车 5 平 1

③ 帅四平五　车 1 退 6

④ 兵五平六

第 426 题

① 炮八退一　将 6 进 1

② 车四进一　将 6 进 1

③ 车九平四　士 5 退 6

④ 马三退二

第 427 题

① 车五进一　将 6 进 1

② 车五平四　将 6 退 1

③ 马七进六　将 6 进 1

④ 炮八进三

第 428 题

① 炮三进五　象 5 退 7

② 马二进四　马 4 退 6

③ 车六进一　将 5 平 4

④ 车八进九

第 429 题

① 炮四进八　士 5 退 6

② 车六进三　将 4 平 5

③ 车六进一　将 5 退 1

④ 炮四退二

第 430 题

① 马五进四　将 5 平 6

② 马四进二　将 6 进 1

③ 车六进四　士 4 进 5

④ 车六平五

第 431 题

① 车八平七　象 5 退 3

② 车六进三　士 5 退 4

③ 炮七进五　士 4 进 5

④ 马七进六

第 432 题

① 马六进七　将 5 平 6

② 后车进六　士 6 进 5

③ 后车平五　将 6 进 1

④ 车六平四

第 433 题

① 炮五平四　马 7 退 6

② 马四进二　将 6 进 1

③ 车八退一　士 4 退 5

④ 车八平五

第 434 题

① 马八退六　将 5 平 4

② 车八进三　象 5 退 3

③ 车八平七　将 4 进 1

④ 马六进八

第 435 题

① 炮八进五　象 3 进 1

② 车六进一　将 6 进 1

③ 马五退三　将 6 进 1

④ 炮八退二

第 436 题

① 车六平五　将 6 进 1

② 马六退五　炮 5 进 1

③ 车九进三　象 7 进 5

④ 车九平五

第 437 题

① 前车平五　将 6 退 1

② 车五进一　将 6 进 1

③ 车八进二　马 1 退 3

④ 车八平七

第 438 题

① 马六进五　士 6 进 5

② 车三平五　将 5 平 4

③ 车五进一　将 4 进 1

④ 车五平六

第 439 题

① 车四平六　将 4 平 5

② 车六退一　将 5 进 1

③ 炮六平五　象 5 退 3

④ 马七退五

第 440 题

① 车五进一　象 3 进 5

② 炮五进三　士 6 进 5

③ 车二进一　象 9 退 7

④ 车二平三

第 441 题

① 马四进五　象 3 进 5

② 车五平四　将 6 平 5

③ 马五进七　将 5 平 4

④ 车四平六

第 442 题

① 马六退五　士 4 退 5

② 马五进七　将 5 平 4

③ 车四平六　士 5 进 4

④ 车六进一

第 443 题

① 车五进一　将 4 进 1

② 炮五平六　马 4 退 6

③ 马七退六　马 6 进 4

④ 马六进四

第 444 题

① 马六退八　将 4 平 5

② 马八进七　将 5 平 6

③ 车六平四　士 5 进 6

④ 车四进一

第 445 题

① 车二平三　将 6 进 1

② 马一进二　将 6 平 5

③ 车三平五　将 5 退 1

④ 马二进三

第 446 题

① 炮三进七　士 6 进 5

② 炮三平七　士 5 退 6

③ 车一平四　将 5 平 6

④ 马七进六

第 447 题

① 兵六进一　车 4 退 5

② 车九平六　将 4 退 1

③ 车五平六　将 4 退 1

④ 炮三进五

第 448 题

① 车四平六　后车退 1

② 炮四进七　炮 5 进 7

③ 炮四平二　炮 7 进 1

④ 马一进三

第 449 题

① 车五进二　将 5 平 6

② 车七退五　士 4 进 5

③ 车七平四　将 6 平 5

④ 车四进五

第 450 题

① 车三平四　将 5 平 6

② 车一进五　象 5 退 7

③ 车一平三　将 6 进 1

④ 炮五平四

第 451 题

① 车四平五　将 5 平 4

② 炮二平六　炮 4 进 7

③ 车五平六　将 4 平 5

④ 炮六平五

第 452 题

① 炮二退一　象 5 进 7

② 车四退二　象 7 退 5

③ 车四进一　象 5 进 7

④ 车七退一

第 453 题

① 马八退七　将 4 进 1

② 车三平五　象 7 退 5

③ 兵六进一　炮 4 进 3

④ 炮二平六

第 454 题

① 车一平四　士 5 进 6

② 车二平四　将 6 进 1

③ 炮一平四　将 6 平 5

④ 炮二平五

第 455 题

① 兵六进一　士 5 退 4

② 车四进六　将 5 进 1

③ 车四退一　将 5 退 1

④ 炮二进二

第 456 题

① 马一进三　将 6 退 1

② 马三进二　将 6 进 1

③ 马二退四　将 6 进 1

④ 仕五进四

第 457 题

① 炮六平五　卒 5 进 1

② 车三进一　将 5 进 1

③ 车六进一　将 5 进 1

④ 车三退二

第 458 题

① 车三进五　象 9 退 7

② 炮二进五　士 5 退 6

③ 车四进三　将 5 进 1

④ 车四退一

第 459 题

① 前车进三　将 6 进 1

② 后车平四　士 5 进 6

③ 车六退一　将 6 退 1

④ 车四进三

第 460 题

① 车八平四　车 1 平 6

② 车四进三　将 6 进 1

③ 相五进七　车 3 平 2

④ 车二平四

第 461 题

① 车三平五　将 5 平 6

② 炮九进三　象 3 进 1

③ 车八进三　象 1 退 3

④ 车八平七

第 462 题

① 车六退一　将 5 退 1

② 车五进一　士 6 进 5

③ 车五进一　将 5 平 6

④ 车六进一

第 463 题

① 车四进三　将 5 平 6

② 车六进一　将 6 进 1

③ 炮六进六　将 6 进 1

④ 车六平四

第 464 题

① 车一平四　将 6 平 5

② 车四退一　将 5 进 1

③ 马六退七　将 5 平 4

④ 车四平六

第 465 题

① 车七平六　将 4 平 5

② 炮八进三　象 3 进 1

③ 车四平五　士 4 退 5

④ 车六进一

第 466 题

① 车三进六　将 6 退 1

② 车三平五　车 5 退 5

③ 车四平三　将 6 平 5

④ 车三进三

第 467 题

① 前车平五　将 4 进 1

② 炮三退一　象 5 进 7

③ 车四进三　象 7 退 5

④ 车四平五

第 468 题

① 车七平五　将 5 平 6

② 车五平四　将 6 平 5

③ 炮九平五　将 5 平 4

④ 车四平六

第 469 题

① 车七进三　象 5 退 3

② 车九平六　将 4 进 1

③ 炮三平六　士 4 退 5

④ 炮五平六

第 470 题

① 车四进五　将 5 进 1

② 车四退一　将 5 退 1

③ 炮九平五　士 4 进 5

④ 车四进一

第 471 题

① 车五平四　士 5 进 6

② 车四平三　将 6 平 5

③ 车三进二　将 5 退 1

④ 马五进四

第 472 题

① 马五进三　将 6 平 5

② 车二进六　象 5 退 7

③ 车二平三　士 5 退 6

④ 车三平四

第 473 题

① 车六进三　士 5 退 4

② 车四平六　卒 6 平 5

③ 炮七进三　士 4 进 5

④ 车六进一

第 474 题

① 车四进二　马 7 退 5

② 车八平六　将 4 退 1

③ 车四进一　将 4 进 1

④ 车四平六

第 475 题

① 炮三进九　士 6 进 5

② 炮三退一　士 5 退 6

③ 车八平五　将 5 平 4

④ 车一平四

第 476 题

① 车九进四　将 4 退 1

② 车六进三　将 4 平 5

③ 车九进一　士 5 退 4

④ 车九平六

第 477 题

① 马一进二　将 6 平 5

② 车三进一　车 6 退 2

③ 车三平四　将 5 退 1

④ 马八进七

第 478 题

① 车四进六　将 4 进 1

② 车四退一　将 4 退 1

③ 马七退五　将 4 平 5

④ 马八退六

第 479 题

① 马四退六　将 5 平 4

② 马六进八　将 4 平 5

③ 马八进七　将 5 平 4

④ 车四平六

第 480 题

① 车六退一　将 6 退 1

② 马一进三　将 6 平 5

③ 车六平五　将 5 平 4

④ 马八进七

第 481 题

① 马七进六　将 5 平 4

② 马六退八　将 4 平 5

③ 马八退七　将 5 平 4

④ 车四平六

第 482 题

① 后车进三　马 3 退 4

② 车六退一　将 6 退 1

③ 马四进三　将 6 平 5

④ 前马退四

第 483 题

① 马七退六　马 3 进 4

② 马六进四　马 4 进 6

③ 马四进六　马 6 退 4

④ 马六进五

第 484 题

① 车六进五　将 6 进 1

② 马二进三　将 6 平 5

③ 马一进三　将 5 平 6

④ 车六平四

第 485 题

① 车七平六　将 4 进 1

② 马六进七　将 4 退 1

③ 马七进八　将 4 进 1

④ 马二进四

第 486 题

① 马一进三　将 6 进 1

② 马三进二　将 6 退 1

③ 车四进一　士 5 进 6

④ 车五进五

第 487 题

① 车四进一　士 5 退 6

② 车五平六　将 4 平 5

③ 马二进四　将 5 进 1

④ 车六进一

第 488 题

① 车四平五　车 1 平 5

② 车五进一　将 5 平 4

③ 马八进七　将 4 退 1

④ 马三进四

第 489 题

① 马三退五　将 4 平 5

② 车八进一　士 5 退 4

③ 车四进二　将 5 进 1

④ 车八退一

第 490 题

① 马三进四　将 5 平 6

② 马四退二　将 6 平 5

③ 马二退三　将 5 平 6

④ 车一平四

第 491 题

① 车三平五　士 6 进 5

② 车五进二　将 5 平 6

③ 车五平三　将 6 平 5

④ 车三进一

第 492 题

① 车六平五　士 4 进 5

② 马四进三　将 5 平 6

③ 马三退五　将 6 平 5

④ 马五进七

第 493 题

① 炮四退四　士 5 退 6

② 车三平四　将 4 进 1

③ 炮四平六　士 4 退 5

④ 炮五平六

第 494 题

① 车七平六　将 5 进 1

② 炮一进四　车 8 退 3

③ 炮三进一　车 8 平 9

④ 车六退一

第 495 题

① 马五进四　象 3 进 5

② 马四进二　象 5 退 7

③ 马二退三　将 6 进 1

④ 炮五平四

第 496 题

① 炮九平五　象 5 退 7

② 前炮进二　象 7 进 5

③ 前炮退三　士 6 进 5

④ 车六进五

第 497 题

① 车八退二　士 4 进 5

② 前炮平八　将 5 平 4

③ 炮九进四　将 4 进 1

④ 车八进一

第 498 题

① 车七进五　将 5 进 1

② 车七平五　将 5 平 6

③ 炮八平四　士 6 退 5

④ 炮五平四

第 499 题

① 车二平五　象 7 退 5

② 车五进一　将 5 平 4

③ 炮五平六　士 4 退 5

④ 炮八平六

第 500 题

① 炮八进七　象 5 退 3

② 炮九平五　象 7 进 5

③ 车六进三　将 5 进 1

④ 车六退一